KB060514

12시간 안에 끝내는 HSKK

중국어 말하기 시험

저자 쉬엔 · 시원스쿨어학연구소

시원스쿨닷컴

12시간 안에 끝내는
HSKK 고급

초판 1쇄 발행 2023년 12월 8일

지은이 쉬엔 · 시원스쿨어학연구소
펴낸곳 (주)에스제이더블유인터내셔널
펴낸이 양홍걸 이시원

홈페이지 china.siwonschool.com
주소 서울시 영등포구 국회대로74길 12 시원스쿨
교재 구입 문의 02)2014-8151
고객센터 02)6409-0878

ISBN 979-11-6150-792-7 13720
Number 1-410306-23230400-06

12시간 안에 끝내는 HSKK

중국어 말하기 시험

저자 쉬엔 · 시원스쿨어학연구소

S 시원스쿨닷컴

HSKK 시험 소개

① HSKK 개요

1 HSKK는 '汉语水平口语考试' 한어병음의 약어로, 중국 교육부령에 의거, 중국 교육부에서 출제, 채점, 및 성적표 발급을 책임지는 회화 능력 평가 시험이다.

2 HSKK는 제1언어가 중국어가 아닌 사람의 중국어 회화 능력을 평가하기 위해 만들어진 중국 정부 유일의 국제 중국어 능력 표준화 고시로, 일상생활과 학습 및 업무상 필요한 중국어 운용 능력을 중점적으로 평가하는 시험이며, 현재 세계 112개 국가, 860개 지역에서 시행되고 있다.

3 HSKK는 초급, 중급, 고급으로 나뉘며, 급수별로 각각 실시된다.

② HSKK 등급별 수준

HSKK 등급	HSK 등급	수준	어휘량	국제중국어 능력 기준
HSKK 초급	HSK 1급	중국어로 익숙한 일상생활의 화제에 대해 듣고 이해하며, 기본적인 일상회화를 진행할 수 있다.	약 200개	1급
	HSK 2급			2급
HSKK 중급	HSK 3급	중국인과의 교류에서 듣고 이해할 수 있으며, 중국어로 비교적 유창하게 회화를 진행할 수 있다.	약 900개	3급
	HSK 4급			4급
HSKK 고급	**HSK 5급**	중국어로 듣고 이해할 수 있으며, 유창하게 자신의 견해를 표현할 수 있다.	약 3,000개	5급
	HSK 6급			

③ HSKK 용도

1. 국내외 대학(원) 및 특목고 입학·졸업 및 학점 수여에 대한 평가 기준
2. 중국 정부 장학생 선발 기준
3. 각급 업체 및 기관의 채용 및 승진을 위한 평가 기준

④ HSKK 성적 조회 및 성적표

1. HSKK 성적은 시험일로부터 1개월 후 조회가 가능하다.
2. HSKK 시험 개인 성적표는 시험일로부터 45일 후 수령이 가능하다.
3. HSKK 성적은 시험일로부터 2년간 유효하다.

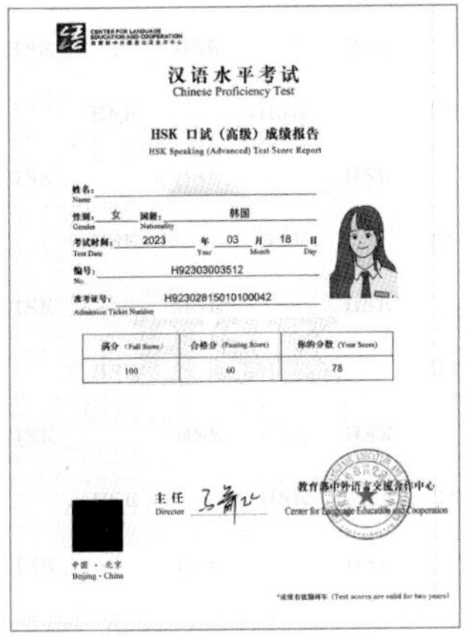

CENTER FOR LANGUAGE EDUCATION AND COOPERATION

汉语水平考试
Chinese Proficiency Test

HSK 口试（高级）成绩报告
HSK Speaking (Advanced) Test Score Report

姓名: Name
性别: 女 Gender 国籍: 韩国 Nationality
考试时间: 2023 年 03 月 18 日 Test Date Year Month Day
编号: H92303003512 No.
准考证号: H92302815010100042 Admission Ticket Number

满分 (Full Score)	合格分 (Passing Score)	你的分数 (Your Score)
100	60	78

主任 Director

教育部中外语言交流合作中心
Center for Language Education and Cooperation

中国 · 北京
Beijing · China

*成绩有效期两年 (Test scores are valid for two years)

⑤ 시험 당일 준비물

신분증, 수험표

＊시험 당일 신분증 미지참자는 입실이 불가합니다.

HSKK 고급 소개

① HSKK 고급 수준

HSKK 고급은 《국제중국어능력기준》 5급과 《유럽공통언어참조프레임(CEF)》 C급에 해당하는 수준이다. HSKK 고급에 합격한 응시자는 중국어로 듣고 이해할 수 있으며, 유창하게 자신의 견해를 표현할 수 있다.

② HSKK 고급 응시 대상

HSKK 고급 시험은 매주 2~3시간씩 2년 이상 중국어를 학습하고, 약 3,000개의 상용 어휘와 관련 어법을 마스터한 응시자를 대상으로 한다.

③ 시험 내용 및 시험 구성

시험 내용		문항 수	시험 시간
시험 진행에 앞서 응시자 정보(이름, 국적, 수험번호 등)에 대한 질의 응답이 이루어짐			
제1부분	듣고 다시 말하기	3문항	8분
제2, 3부분 준비 시간			10분
제2부분	낭독	1문항	2분
제3부분	질문에 대답하기	2문항	5분
총계		6문항	약 25분

④ 시험 성적 및 결과

HSKK 고급은 100점 만점으로 총점 60점 이상이면 합격이며, 성적은 시험일로부터 2년간 유효하다.

HSKK IBT 시험 순서 및 녹음 내용

❶ 시험 순서

1 고사장 및 좌석 확인: 수험표 번호로 고사장 및 좌석 확인

2 시험 안내: 감독관이 응시자 본인 확인 및 유의사항 안내, IBT 시험 응시 매뉴얼 설명

3 언어 선택: 한국어, 중국어, 영어, 일본어 중 한 가지 언어를 선택

欢迎参加汉语网络考试 请选择语言
Welcom to internet-based test please choose language
中文 English 한국어 日本語

4 응시 주의 사항 및 로그인

'수험 번호'와 '비밀번호'를 입력하는데, 시험 당일 모니터 하단에 부착되어 있음

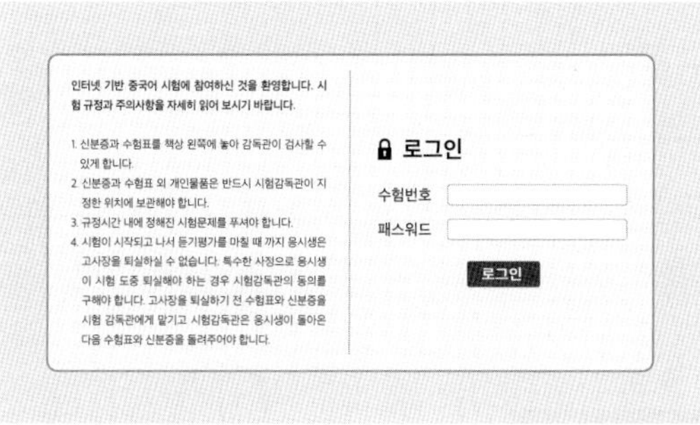

5 응시자 정보 확인

로그인 후 화면에 뜬 응시자 정보가 맞는지 재확인

6 헤드셋 음량 체크 및 마이크 테스트

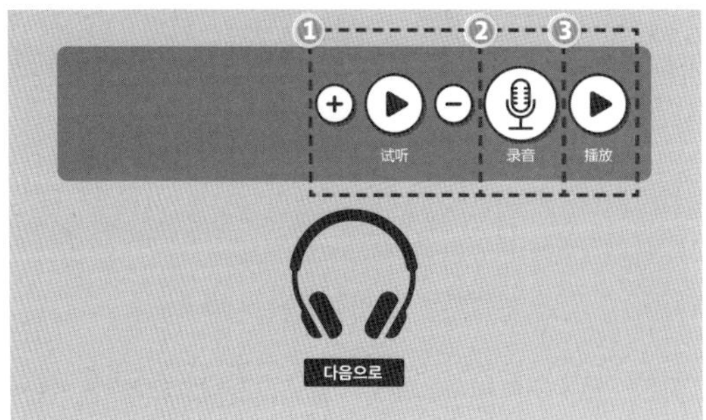

❶ **试听(테스트 듣기)**

클릭 후 헤드셋 소리가 나오는지 확인
양쪽의 +, - 버튼을 눌러서 볼륨 조절 가능하며, 확인 후 한 번 더 클릭하여 재생 정지

❷ **录音(녹음)**

클릭해서 음성이 잘 녹음되는지 확인 후 한 번 더 클릭하여 녹음 정지
테스트 녹음 시, 무슨 말을 해야 할지 모를 경우 수험표를 읽으면 됨

❸ **播放(녹음 재생)**

클릭해서 녹음된 소리 확인 후 한 번 더 클릭하여 재생 정지

＊위의 3가지 사항을 반드시 체크해야 하고, 시험 중간에는 별도의 체크 시간이 없습니다.

7 시험 문제 다운로드

시험 문제는 자동으로 다운로드가 되고, 시험 대기 화면으로 넘어감

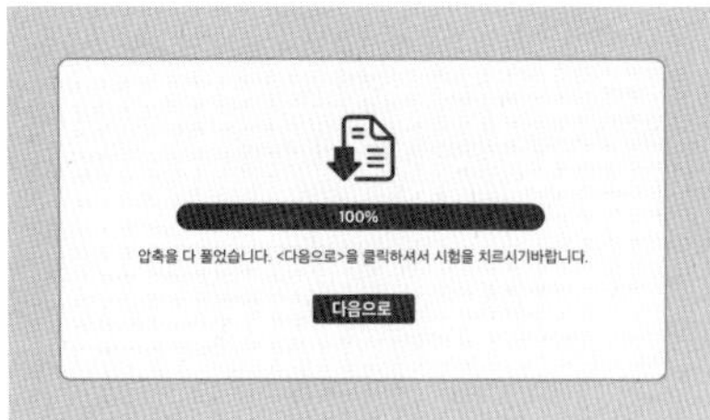

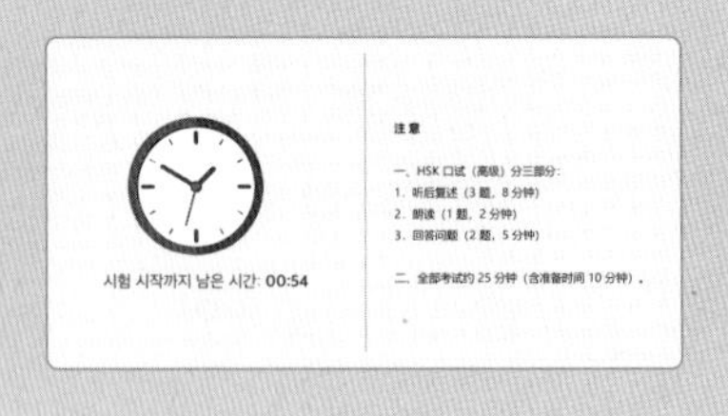

8 시험 진행

② 녹음 내용

1 응시자 정보 질의 응답

❶ 오른쪽 상단에 남은 시간 표시

❷ 응시자 정보 질의 응답을 녹음하는 동안 마이크 볼륨이 활성화되어 녹음바가 움직임

❸ 답안지 제출: 답안지 제출 버튼을 클릭하면 시험이 종료되므로, 반드시 시험을 모두 끝내고 눌러야 함

① 你好，你叫什么名字？

안녕하세요, 당신의 이름은 무엇입니까?

▶ 我叫○○○。

제 이름은 ○○○입니다.

② 你是哪国人？

당신은 어느 나라 사람입니까?

▶ 我是韩国人。

저는 한국인입니다.

③ 你的序号是多少？

당신의 수험번호는 몇 번입니까?

▶ 我的序号是○○○○○。

제 수험번호는 ○○○○○입니다.

* 수험번호는 총 18자리로 매우 긴 숫자이지만, 끝에 5자리만 답변하면 됩니다.

2 제1부분 시험 안내

好，现在开始第一到三题。每题你会听到一段话，请在"嘀"声后复述这段话。现在开始第一题。

그럼, 지금부터 제1~3번 문제를 시작하겠습니다. 각 문제마다 한 단락의 내용을 끝까지 듣고, '삐' 소리 후에 이 단락의 내용을 다시 말하세요. 지금부터 1번 문제를 시작합니다.

❶ 오른쪽 상단에 남은 시간 표시
❷ 답안을 녹음하는 동안 마이크 볼륨이 활성화됨

3 제2, 3부분 준비 시간 안내

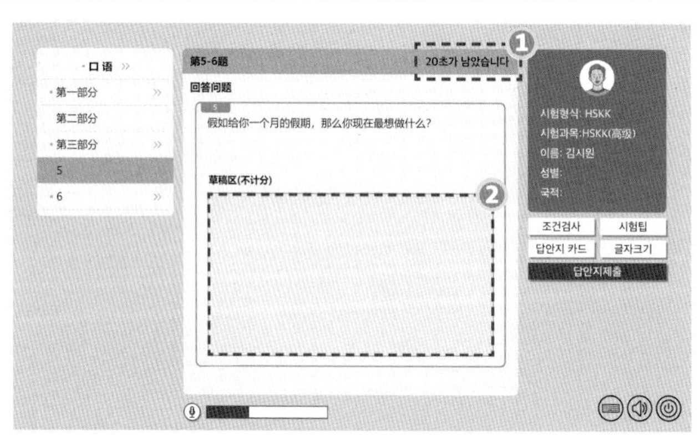

好，现在开始准备第四到六题。可以在试卷上写提纲。准备时间为10分钟。

그럼, 지금부터 제4~6번 문제를 준비하세요. 시험지에 개요를 메모해도 좋습니다. 준비 시간은 총 10분입니다.

❶ 오른쪽 상단에 남은 시간 표시
❷ 메모 작성란에 중국어로 입력 가능하며, 점수에 반영되지 않음

4 제2부분 시험 안내

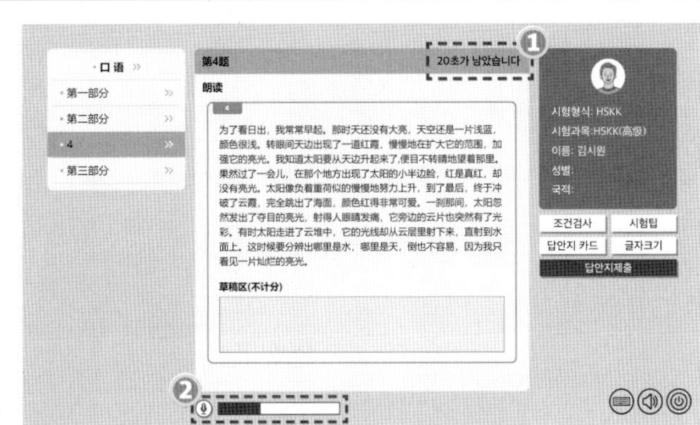

准备时间结束。现在开始朗读，第四题。

준비 시간이 끝났습니다. 지금부터 4번 문제 낭독을 시작하세요.

① 오른쪽 상단에 남은 시간 표시

② 답안을 녹음하는 동안 마이크 볼륨이 활성화됨

5 제3부분 시험 안내

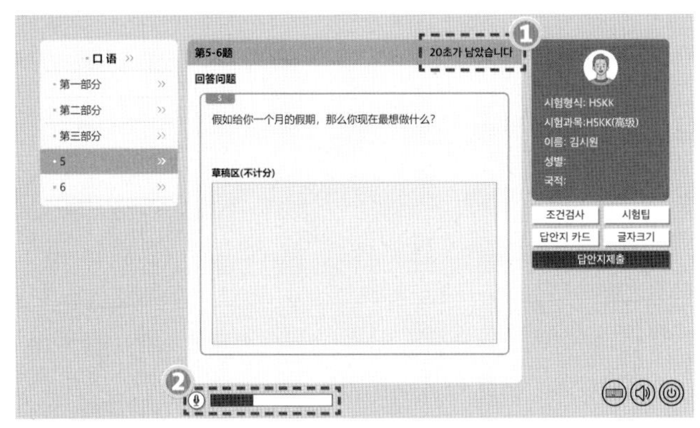

第四题结束。现在开始回答第五题。

4번 문제가 끝났습니다. 지금부터 5번 문제에 대답하세요.

第五题结束。现在开始回答第六题。

5번 문제가 끝났습니다. 지금부터 6번 문제에 대답하세요.

① 오른쪽 상단에 남은 시간 표시

② 답안을 녹음하는 동안 마이크 볼륨이 활성화됨

6 시험 종료 안내

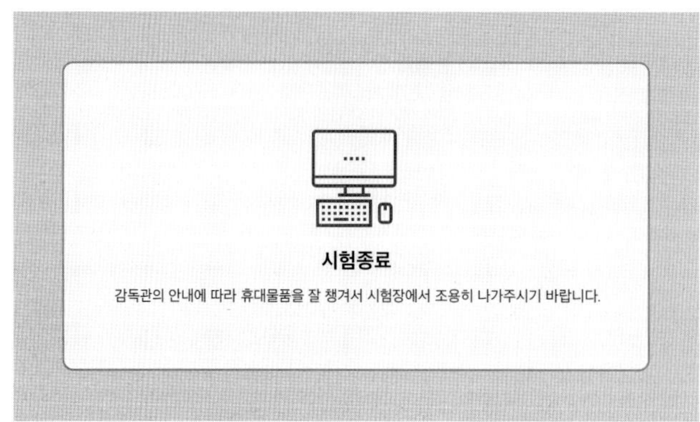

好，考试现在结束，谢谢你！

이제 시험이 끝났습니다. 감사합니다!

* 시험 종료 후 감독관의 지시에 따라 조용히 퇴실하시기 바랍니다.

중국어 입력 TIP

- 일반적으로 IBT 시험장에 搜狗输入法(중국어 입력기)가 설치되어 있으므로, 미리 다운로드 후 연습해 보는 것이 좋습니다.
- Alt+Shift 키를 동시에 누르면 중국어 자판으로 변경되며, 마우스로 클릭하여 변경도 가능합니다.
- [ü] 발음은 중국어로 입력할 때 알파벳 [v]를 입력하면 됩니다.
- 단어나 문장 단위로 입력하면 상용 중국어로 입력되기 때문에, 한자 오탈자를 줄일 수 있습니다.

12시간 학습 플랜

1시간	2시간	3시간
[제1부분] ☐ 우화 이야기 ☐ 유머, 성공 일화	[제1부분] ☐ 설명문 ☐ 논설문	[제1부분] ☐ 제1부분 복습

4시간	5시간	6시간
[제2부분] ☐ 강세와 끊어 읽기 ☐ 자주 틀리는 발음과 성조	[제2부분] ☐ 자주 틀리는 다음자1 ☐ 자주 틀리는 다음자2	[제2부분] ☐ 제2부분 복습

7시간	8시간	9시간
[제3부분] ☐ 휴가나 인생 계획 ☐ 가치관, 견해	[제3부분] ☐ 이슈에 대한 견해 ☐ 명언, 속담에 대한 견해	[제3부분] ☐ 사회 이슈 ☐ 일상 생활

10시간	11시간	12시간
[제3부분] ☐ 운동, 건강 ☐ 학교, 직장	[제3부분] ☐ 제3부분 복습	[제1, 2, 3부분] ☐ 실전 모의고사 1 ☐ 실전 모의고사 2

이 책의 구성 및 특징

1 최신 출제 경향 및 공략 비법으로 HSKK 확실하게 파악!

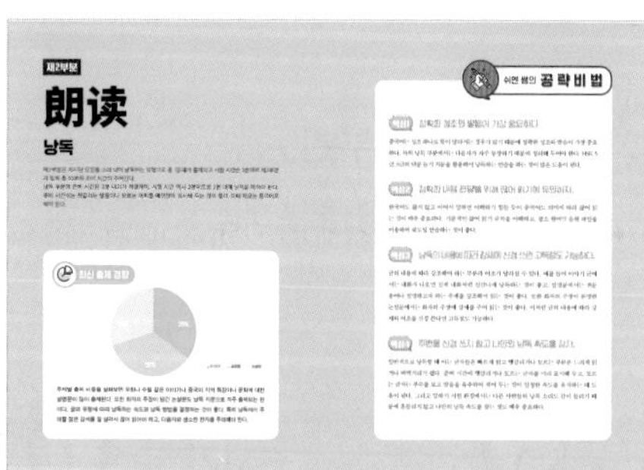

HSKK에 자주 출제되는 주제 및 질문을 분석하여 출제 경향을 한눈에 보기 쉽게 정리하였습니다. 유형별 출제 트렌드를 파악하여 철저하게 준비할 수 있습니다.

2 기본 개념 및 주제별 필수 어휘 · 표현 · 패턴을 제시하여 전략적으로 학습!

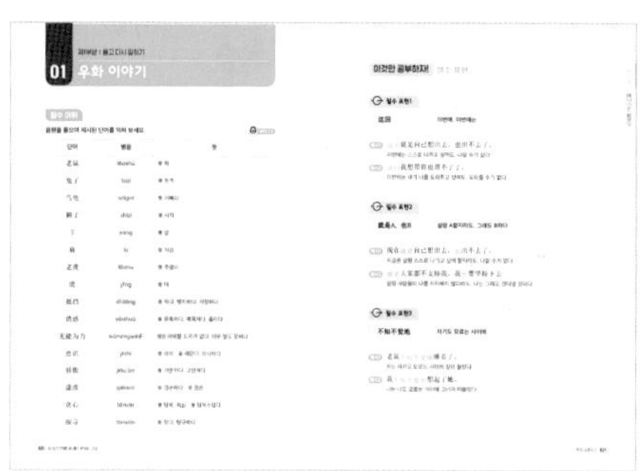

HSKK에서 반드시 알아야 할 어법 내용과 각 파트에서 중요한 주제별 필수 어휘 · 표현 · 패턴을 한눈에 보기 쉽게 정리하여 각 유형에 맞게 전략적으로 학습할 수 있습니다.

3 출제 경향에 맞는 문제 유형 및 상세한 모범 답변으로 HSKK 완벽 대비!

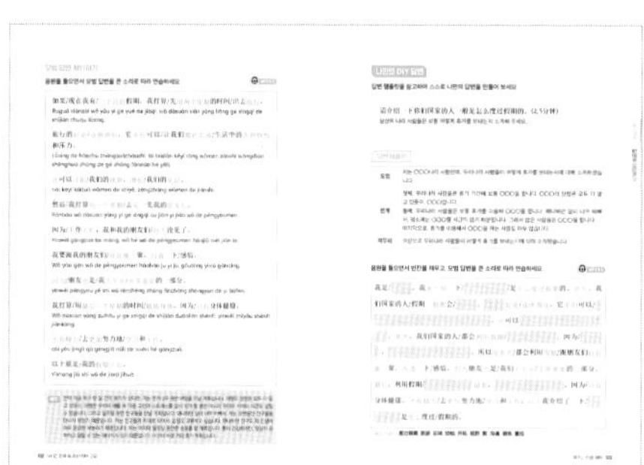

출제 경향에 맞는 문제 유형을 풀어 보면서 실제 시험에 익숙해지도록 연습할 수 있습니다. 또한 시험에서 자연스럽게 말할 수 있도록 모범 답안에 중국어 끊어 읽기와 강세를 제시하였습니다.

4 실전 모의고사를 제시하여 확실하게 실전 대비!

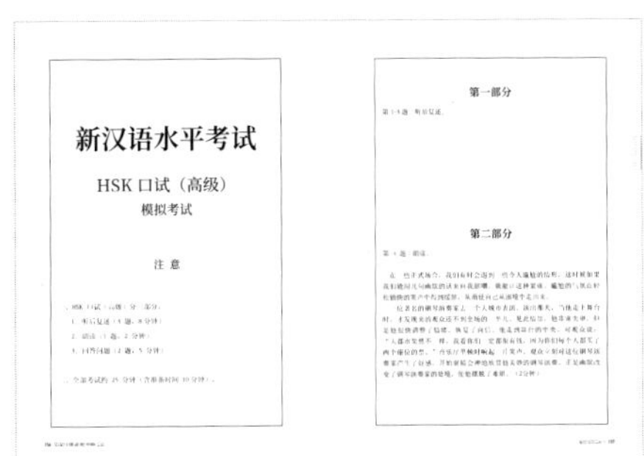

新汉语水平考试

HSK口试（高级）

模拟考试

注意

第一部分

第二部分

실전 느낌 100% 살릴 수 있는 모의고사 3회분(교재 2회+온라인 1회)을 제공하였습니다. 실제 시험과 동일한 구성 및 문제 유형이 제시된 모의고사를 풀어보면서 실전을 완벽하게 대비할 수 있습니다.

5 원어민 강사의 코칭 서비스로 정확한 발음 및 표현 학습 가능!

원어민의 1:1 코칭 및 첨삭 서비스로 말하기 실력을 한층 더 탄탄하게 다질 수 있습니다. 원어민 코칭은 시원스쿨 중국어 코칭 카페 접속〈cafe.naver.com/siwonschoolchina〉 한 후, 본인이 직접 작성한 스크립트를 읽고 녹음 파일을 업로드하면 원어민의 코칭을 받으실 수 있습니다.

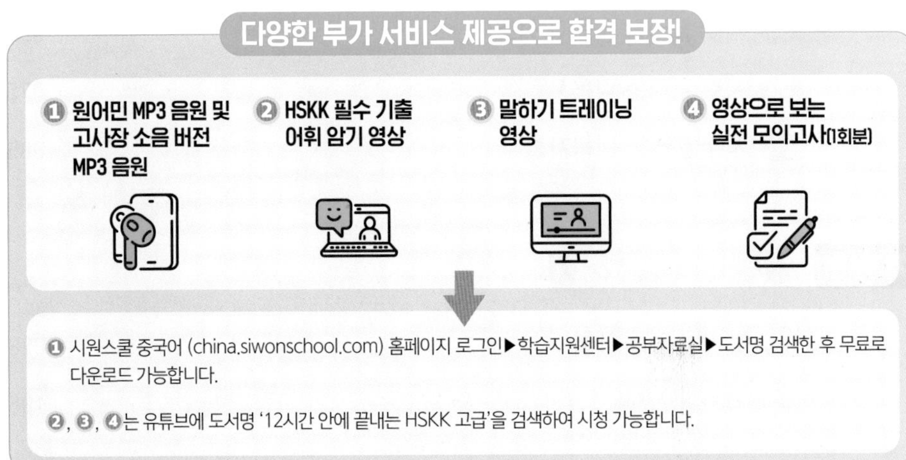

다양한 부가 서비스 제공으로 합격 보장!
① 원어민 MP3 음원 및 고사장 소음 버전 MP3 음원
② HSKK 필수 기출 어휘 암기 영상
③ 말하기 트레이닝 영상
④ 영상으로 보는 실전 모의고사(1회분)
① 시원스쿨 중국어 (china.siwonschool.com) 홈페이지 로그인▶학습지원센터▶공부자료실▶도서명 검색한 후 무료로 다운로드 가능합니다.
②, ③, ④는 유튜브에 도서명 '12시간 안에 끝내는 HSKK 고급'을 검색하여 시청 가능합니다.

목차

실전 모의고사

모범 답변 및 해설서

제1부분

听后复述

듣고 다시 말하기

제1부분은 녹음된 내용을 듣고, 그 내용을 기억해서 다시 말하는 유형으로 총 3문제가 출제되고, 한 문제 당 답변 시간은 약 1분 30초에서 2분으로 녹음 내용의 길이에 따라 상이하다. 특히 제1부분은 약 30초에서 1분 정도 한 단락의 내용이 주어지는데 컴퓨터를 사용하는 IBT 방식의 시험에서는 내용을 들으면서 직접 메모가 불가능하고, 들은 내용을 바로 말해야 하기 때문에 학습자들이 가장 어려워하는 부분이다. 구체적인 서술보다는 행동이나 사건 위주로 기억하여 정확한 발음으로 대답하는 것이 좋다.

최신 출제 경향

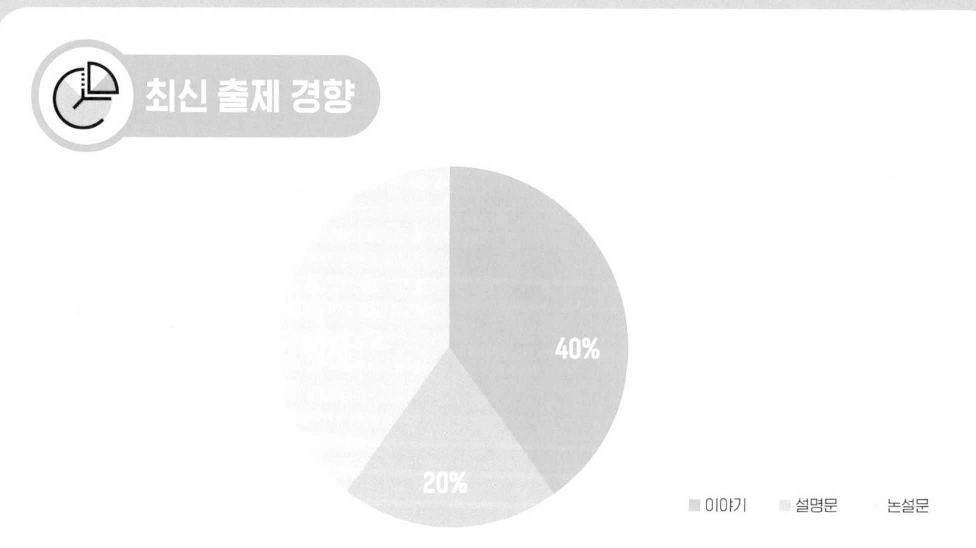

HSKK 고급 제1부분에서는 이야기, 설명문, 논설문 등 유형이 많이 출제된다. 이야기 유형에서는 교훈이 담긴 우화나 반전이 있는 유머, 특정 인물이 어려움을 극복하는 성공 일화 위주로 출제된다. 설명문 유형에서는 과학, 역사, 문화 등 다양한 주제의 지식을 전달하는 글이나 일반 상식을 설명하는 내용이 많이 출제된다. 또한 중국의 지명이나 문화, 풍습을 소개하는 정보 전달 글도 종종 출제된다. 논설문 유형에서는 처세, 성공, 양육, 교육 등과 관련하여 화자의 견해나 주장이 담긴 글이 주로 출제된다. 유형별 빈출 주제를 알아두고, 평소 관련 배경 지식을 넓히면서 빈출 어휘를 많이 공부하는 것이 좋다.

쉬엔 쌤의 공략비법

핵심1 어려운 표현은 쉬운 표현으로 바꿔 말하자.

들은 내용을 기억했다가 바로 말해야 하는 경우, 내용을 이해하더라도 그대로 말하는 것은 매우 어려운 일이다. 따라서 들은 내용을 그대로 말하지 말고, 의미가 변하지 않는 범위 안에서 쉬운 표현으로 바꿔 말하는 것도 좋다.

핵심2 핵심 키워드 위주로 듣고 외우는 것이 좋다.

녹음을 들으면서 메모가 불가능하므로 핵심 키워드를 외우는 것이 좋다. 이야기 유형의 경우, 등장 인물, 장소, 시간, 사건의 전개와 결과 위주로 듣고 서술하는 연습을 하는 것이 좋다. 설명문의 경우, 반복적으로 등장하는 키워드와 그것에 대한 특징이나 설명을 두 가지 정도 외우는 것이 좋다. 특히, 전문 용어나 생소한 단어가 자주 등장하므로 평소 배경 지식을 쌓고, 시험에서는 들리는 발음 그대로 외워서 활용하는 것이 좋다. 마지막으로 논설문의 경우, 화자의 주장과 뒷받침하는 근거 위주로 외우면 된다.

핵심3 이야기 유형에서는 반전이나 교훈이 주로 마지막에 나오기 때문에 끝까지 집중해서 들어야 한다.

이야기 유형에서는 우화나 반전이 있는 유머가 자주 출제된다. 우화의 교훈이나 유머의 반전은 대부분 마지막 부분에 나오기 때문에 끝까지 집중해서 듣는 것이 좋다. 답변할 때도 이야기의 교훈과 반전을 잘 살려서 답변해야 좋은 점수를 받을 수 있다.

핵심4 논설문 유형에서는 녹음 내용 외에 자신의 의견이나 생각을 덧붙여 말하지 않도록 주의해야 한다.

논설문에서 글의 주제나 화자의 주장은 대부분 첫 문장과 마지막 문장에 많이 나오기 때문에, 첫 문장과 마지막 문장을 잘 듣고 기억해야 한다. 또한 시간을 늘리기 위해 화자의 주장 외에 자신의 의견이나 생각을 덧붙여 말하지 않도록 반드시 주의해야 한다.

제1부분 | 듣고 다시 말하기

01 우화 이야기

필수 어휘

음원을 들으며 제시된 단어를 익혀 보세요.

단어	병음	뜻
老鼠	lǎoshǔ	명 쥐
兔子	tùzi	명 토끼
乌龟	wūguī	명 거북이
狮子	shīzi	명 사자
羊	yáng	명 양
鹿	lù	명 사슴
老虎	lǎohǔ	명 호랑이
鹰	yīng	명 매
抵挡	dǐdǎng	동 막다, 방지하다, 저항하다
诱惑	yòuhuò	동 유혹하다, 매혹하다, 홀리다
无能为力	wúnéngwéilì	성어 어찌할 도리가 없다, 아무 일도 못하다
意识	yìshí	명 의식 동 깨닫다, 의식하다
骄傲	jiāo'ào	형 거만하다, 교만하다
谦虚	qiānxū	형 겸손하다 명 겸손
贪心	tānxīn	명 탐욕, 욕심 형 탐욕스럽다
探寻	tànxún	동 찾다, 탐구하다

이것만 공부하자! 필수 표현

필수 표현1

这回	이번에, 이번에는

예시1 这回就是自己想出去，也出不去了。
이번에는 스스로 나가고 싶어도, 나갈 수가 없다.

예시2 这回我想帮你也帮不了了。
이번에는 내가 너를 도와주고 싶어도, 도와줄 수가 없다.

필수 표현2

就是A，也B	설령 A할지라도, 그래도 B하다

예시1 现在就是自己想出去，也出不去了。
지금은 설령 스스로 나가고 싶어 할지라도, 나갈 수가 없다.

예시2 就是大家都不支持我，我也要坚持下去
설령 사람들이 나를 지지하지 않더라도, 나는 그래도 견뎌낼 것이다.

필수 표현3

不知不觉地	자기도 모르는 사이에

예시1 老鼠不知不觉地睡着了。
쥐는 자기도 모르는 사이에 잠이 들었다.

예시2 我不知不觉地想起了她。
나는 나도 모르는 사이에 그녀가 떠올랐다.

필수 표현4

于是	그래서, 그리하여

예시1 兔子在乌龟面前说自己跑得快，于是乌龟说想跟兔子比赛。
토끼는 거북이 앞에서 자신이 빨리 뛴다고 말했다. 그래서 거북이는 토끼와 시합을 하고 싶다고 말했다.

예시2 兔子觉得乌龟跑得很慢，于是躺在大树下休息。
토끼는 거북이가 너무 느리게 뛴다고 생각하여, 나무 밑에 누워서 휴식했다.

필수 표현5

而A却B	그러나 A가 오히려 B를 하다

예시1 铁杆打不开铁锁，而钥匙却把它打开了。
쇠막대는 자물쇠를 열지 못했는데, 열쇠가 오히려 그것을 열었다.

예시2 老师没解出来的题，而学生却把题解开了。
선생님이 풀지 못한 문제를 오히려 학생이 그 문제를 풀었다.

필수 표현6

轻而易举	아주 쉽다, 매우 수월하다, 식은 죽 먹기

예시1 钥匙轻而易举地把锁打开了。 열쇠는 아주 쉽게 자물쇠를 열었다.

예시2 他轻而易举地考了一百分。 그는 매우 수월하게 100점을 받았다.

필수 표현7

便	그래서

예시1 狮子发现羊正在睡觉，便想吃掉它。
사자는 양이 자고 있는 것을 보고, 그것을 먹어 치우려고 했다.

예시2 看到这么多人鼓励我，我便有了信心。
이렇게 많은 사람들이 나를 격려하는 것을 보고, 나는 자신감이 생겼다.

필수 표현8

V着V着	v를 하다가 하다가

예시1 追着追着，狮子觉得很累。 뒤쫓다 뒤쫓다가, 사자는 힘들다고 느꼈다.

예시2 看着看着，我就睡着了。 보다가 보다가, 나는 잠들어버렸다.

필수 표현9

始终	시종일관, 한결같이, 언제나

예시1 鹰始终不敢从树枝上飞下来。 매는 시종일관 나뭇가지에서 감히 날지 못했다.

예시2 他的学习成绩始终很好。 그의 학업 성적은 언제나 좋았다.

필수 표현10

不敢……	감히 ~하지 못하다

예시1 那只鹰从来没飞过，不敢从树枝上飞下来。
그 매는 한 번도 날아본 적이 없어, 감히 나뭇가지에서 날지 못했다.

예시2 最近雾霾太严重了，我都不敢出门。
최근에 스모그가 너무 심해서, 우리는 감히 외출하지 못한다.

핵심만 공략하자! 기출 예제로 유형 파악하기 1

예제1 녹음을 듣고 다시 말해 보세요. 

지문 내용 핵심 정리

01 인물: 老鼠

02 사건: 掉进了米桶，天天吃睡

03 시간: 有一天

04 결과: 想出去也出不去了

모범 답변 확인하기

끊어 읽기와 강세에 주의하며 모범 답변을 연습하세요. / 끊어 읽기 ■ 강세

一只老鼠/掉进了/装米的木桶，它每天/吃大米，很开心。
Yì zhī lǎoshǔ diàojìn le zhuāng mǐ de mùtǒng, tā měi tiān chī dàmǐ, hěn kāixīn.

它也想过/跳出去，但它抵挡不住/大米的诱惑，于是/一直住在/米桶里。
Tā yě xiǎngguo tiào chūqu, dàn tā dǐdǎng bú zhù dàmǐ de yòuhuò, yúshì yìzhí zhùzài mǐtǒng li.

有一天，它发现/米没有了，这回/就是自己/想出去，也出不去了。
Yǒu yì tiān, tā fāxiàn mǐ méiyǒu le, zhè huí jiùshì zìjǐ xiǎng chūqu, yě chū bu qù le.

해석 한 마리의 쥐가 쌀을 담는 나무 통에 빠졌는데, 그는 매일 쌀을 먹고 신났다. 그도 쌀통에서 뛰쳐나가야겠다고 생각한 적이 있었으나, 쌀의 유혹을 이겨내지 못하였다. 그래서 그는 줄곧 쌀통에서 살았다. 어느 날 쥐는 쌀이 없어진 것을 발견했다. 이제는 자기가 뛰쳐나가고 싶어도, 나가지 못하게 되었다.

쉬엔 쌤의 풀이 꿀팁1

1 어려운 어휘나 복잡한 표현은 기억하기 쉬운 표현으로 바꿔 말하는 것이 좋다.

2 가능하면 음원에 나오는 사자성어 그대로 활용하면 고득점을 받을 수 있다.

3 교훈은 결말 부분에 자주 나오므로, 그대로 외워서 활용하는 것이 좋다.

예제 1번 듣기 스크립트 확인하기

음원을 들으면서 듣기 스크립트를 확인하고, 큰 소리로 따라 연습하세요.

一只老鼠一不小心掉进了装米的木桶，它每天吃了睡，睡了吃，开心得不得了。过了几天，它开始考虑是否应该跳出米桶，但它抵挡不住大米的诱惑，便一直住在米桶里。直到有一天，它发现米桶见了底，它这才意识到，这回就是自己想跳出去，也无能为力了。人们把老鼠能跳出桶外的高度称为“生命的高度”。

해석 쥐 한 마리가 실수로 쌀을 담는 나무 통에 떨어졌는데, 그는 매일 먹고 자고 먹으며 매우 기뻐했다. 며칠 뒤, 그는 쌀통 밖으로 뛰쳐나와야 하나 고민했지만, 쌀의 유혹을 이기지 못하고 계속 쌀통 안에서 살았다. 그러던 어느 날, 쌀통이 바닥난 것을 발견하고 나서야 이번에는 자신이 뛰쳐나가고 싶어도 어쩔 수 없다는 것을 깨달았다. 사람들은 쥐가 통 밖으로 뛰쳐나올 수 있는 높이를 '생명의 높이'라고 부른다.

핵심만 공략하자! 기출 예제로 유형 파악하기 2

예제2 녹음을 듣고 다시 말해 보세요.

지문 내용 핵심 정리

01 인물: 兔子，乌龟

02 사건: 通过比赛，看谁跑得快

03 결과: 兔子睡着了，乌龟跑了第一名

모범 답변 확인하기

끊어 읽기와 강세에 주의하며 모범 답변을 연습하세요. / 끊어 읽기 ■ 강세

一只兔子/在乌龟面前说/自己跑得快，于是/乌龟说/想跟兔子比赛。
Yì zhī tùzi zài wūguī miànqián shuō zìjǐ pǎo de kuài, yúshì wūguī shuō xiǎng gēn tùzi bǐsài.

比赛开始后，兔子觉得/乌龟跑得很慢，于是/躺在大树下/休息。
Bǐsài kāishǐ hòu, tùzi juéde wūguī pǎo de hěn màn, yúshì tǎngzài dà shù xià xiūxi.

结果/它不知不觉地/睡着了。而乌龟/一直往前跑，最后/它跑了第一名。
Jiéguǒ tā bùzhī bùjué de shuìzháo le. Ér wūguī yìzhí wǎng qián pǎo, zuìhòu tā pǎo le dì yī míng.

해석 토끼 한 마리가 거북이 앞에서 자신이 매우 빨리 달릴 수 있다고 말하자, 거북이가 토끼와 함께 시합을 하고 싶다고 말했다. 시합이 시작되고 나서, 토끼는 거북이가 너무 느리게 뛴다고 생각하여, 큰 나무 밑에 누워서 쉬었다. 결과적으로 그는 자기도 모르는 사이에 잠이 들었다. 그러나 거북이는 계속 앞으로 뛰어나가, 결국에는 1등을 했다.

쉬엔 쌤의 풀이 꿀팁2

1 이야기 유형에서 직접 화법으로 말한 경우, 간접 화법으로 간단하게 정리해서 말하는 것이 좋다.

2 수식하는 관형어, 부사어가 길수록 문제가 어렵게 느껴질 수 있기 때문에, 주어, 술어, 목적어 위주로 기억하는 연습을 하는 것이 좋다.

3 등장하는 인물이나 동물의 행동 위주로 흐름을 기억하면 좀 더 쉽게 외울 수 있다.

예제 2번 듣기 스크립트 확인하기

음원을 들으면서 듣기 스크립트를 확인하고, 큰 소리로 따라 연습하세요.

一只骄傲的兔子在乌龟面前炫耀自己跑得快，乌龟不服气，提议比赛。比赛开始后，兔子一路领先，看到乌龟被远远地甩在后面，兔子心想，“乌龟跑得那么慢，即使我休息一会儿再跑，乌龟也肯定赶不上我。”于是它躺在一棵大树下休息，结果不知不觉地就睡着了。而乌龟一直坚持往前跑，最后它超过了兔子，跑了第一名。

해석 한 마리의 거만한 토끼가 거북이 앞에서 자신이 빨리 달린다고 자랑하자 거북이는 승복하지 않고 시합을 제안했다. 경기 시작 후 선두를 달리던 토끼는 거북이가 멀찌감치 뒤로 밀리는 것을 보고 '거북이가 저렇게 천천히 뛰면 내가 좀 쉬었다가 뛰어도 거북이는 나를 따라잡을 수 없을 거야.'라고 생각했다. 그래서 토끼는 큰 나무 밑에 누워 쉬다가 어느새 자기도 모르게 잠이 들었다. 거북이는 계속 앞으로 뛰다가 결국에는 토끼를 제치고 1등을 차지했다.

실력 다지기 실전 테스트

HSKK 중국어 말하기 시험 답변 시간: 각 문항당 약 2분

第一部分：第1-3题，听后复述。

1.

2.

3.

제1부분 | 듣고 다시 말하기

02 유머, 성공 일화

필수 어휘

음원을 들으며 제시된 단어를 익혀 보세요.

단어	병음	뜻
哭笑不得	kūxiào bùdé	성어 웃을 수도 울 수도 없다, 이러지도 저러지도 못하다
打量	dǎliang	동 관찰하다, 훑어보다
碰巧	pèngqiǎo	부 공교롭게, 때마침, 우연히
傲慢无礼	àomàn wúlǐ	성어 오만하고 무례하다
傻瓜	shǎguā	명 바보
机智	jīzhì	명 기지, 재치 형 슬기롭다, 재치 있다
恰恰	qiàqià	부 꼭, 마침, 바로
闪身	shǎn shēn	동 몸을 비키다, 몸을 날쌔게 피하다
剩下	shèngxià	동 남다, 남기다
年薪	niánxīn	명 연봉
路途	lùtú	명 길, 여정
遥远	yáoyuǎn	형 매우 멀다, 아득히 멀다
战胜	zhànshèng	동 이겨내다, 극복하다
目的地	mùdìdì	명 목적지
如何	rúhé	대 어떻게, 어떤, 왜
鼓起勇气	gǔqǐ yǒngqì	용기를 내다

이것만 공부하자! 필수 표현

필수 표현1

不让	~하지 못하게 하다, 허락하지 않다

예시1 列车员不让他下车。 기차 승무원은 그를 하차하지 못하게 했다.

예시2 妈妈不让我玩儿游戏。 엄마는 내가 게임하는 것을 허락하지 않았다.

필수 표현2

是……的	행동의 시간, 장소, 행위자, 목적 등을 강조

예시1 刘先生说他是来送儿子的。 류 씨는 그가 아들을 배웅하러 온 것이라고 말했다.

예시2 我是来报名的。 나는 등록하러 온 것이다.

필수 표현3

只剩下	오직 ~만 남다

예시1 只剩下一个学生还没有找到工作。 오직 한 학생만 아직 취업을 못했다.

예시2 只剩下我还没有写完作业。 오직 나만 아직 숙제를 다 못했다.

필수 표현4

正是如此	바로 그러하다, 바로 이와 같다

예시1 我们的人生正是如此，机遇很重要。
우리의 인생은 바로 이와 같이, 기회가 매우 중요하다.

예시2 成功的秘诀正是如此，只要坚持就能成功。
성공의 비결은 바로 이와 같다. 끝까지 견뎌내면 성공할 수 있다.

필수 표현5

应该再……一点儿 조금 더 ~해야 한다

예시1 妈妈的个子应该再高一点儿。 엄마의 키가 조금 더 커야 한다.

예시2 腿应该再长一点儿。 다리가 조금 더 길어야 한다.

필수 표현6

打量了一番 한 번 훑어보다, 한 번 쭉 살펴보다

예시1 女儿仔细地打量了一番，然后说衣服很好看。
딸은 자세히 한 번 훑어보더니, 옷이 예쁘다고 말했다.

예시2 我上下打量了他一番，我觉得他不是本地人。
나는 그를 위아래로 한 번 훑어봤는데, 내 생각에 그는 이 지역 사람이 아닌 것 같았다.

필수 표현7

战胜重重困难 어려운 상황을 이겨내다

예시1 在战胜了重重困难到达目的地的时候，记者采访了他。
어려운 상황을 이겨내고 목적지에 도착했을 때, 기자가 그를 인터뷰했다.

예시2 我们战胜了重重困难，按时完成了任务。
우리는 어려운 상황을 이겨내고, 제때에 임무를 완수했다.

필수 표현8

是否　　~인지 아닌지

예시1 记者问老人在途中是否想过放弃。
기자는 노인에게 도중에 포기하고 싶다는 생각을 한 적이 있는지 없는지 물었다.

예시2 答完题后，要仔细检查一下答案是否正确。
문제를 풀고 나서, 답이 맞는지 아닌지 자세히 한번 검토해야 한다.

필수 표현9

从来不/没……　　여태껏 ~한 적이 없다

예시1 那位批评家傲慢无礼地说他从来不给傻瓜让路。
그 비평가는 오만하고 무례하게 자신은 여태껏 바보에게 길을 양보한 적이 없다고 말했다.

예시2 王教授性格好，从来不会发脾气。
왕 교수는 성격이 좋아서, 여태껏 한 번도 화를 낸 적이 없다.

필수 표현10

恰恰　　마침, 바로

예시1 聪明的作家说，他恰恰相反。 똑똑한 작가가 자신은 마침 상반된다고 말했다.

예시2 有时候你的敌人，恰恰是帮助你成长的人。
어떤 때에는 당신의 적이 바로 당신의 성장을 도와주는 사람이다.

핵심만 공략하자! 기출 예제로 유형 파악하기 1

예제1 녹음을 듣고 다시 말해 보세요.

지문 내용 핵심 정리

01 **인물**: 刘先生，儿子

02 **시간**: 赶火车时

03 **사건**: 刘先生先跑上车，然后又要下车

04 **결과**: 不是刘先生要坐车，他是来送儿子的

모범 답변 확인하기

끊어 읽기와 강세에 주의하며 모범 답변을 연습하세요. / 끊어 읽기 ■ 강세

刘先生和儿子/跑到了**火车站**，**三分钟后**/就要**开车**了。
Liú xiānsheng hé érzi pǎodào le huǒchēzhàn, sān fēnzhōng hòu jiùyào kāichē le.

刘先生/**先**上了火车。他上车后/看见**儿子**/**还在车下面**，就要下车。
Liú xiānsheng xiān shàng le huǒchē. Tā shàngchē hòu kànjiàn érzi hái zài chē xiàmiàn, jiùyào xiàchē.

列车员不让他/下车，说/车**马上就要**/开了。刘先生说/他是**来送儿子**的。
Lièchēyuán bú ràng tā xiàchē, shuō chē mǎshàng jiùyào kāi le. Liú xiānsheng shuō tā shì lái sòng érzi de.

해석 류 씨와 아들은 기차역까지 달려갔는데, 3분 후에 기차가 곧 출발한다. 류 씨는 먼저 기차에 올라탔다. 그는 기차에 탄 후, 아직 아들이 기차 아래에 있는 것을 보고 내리려고 했다. 승무원은 그가 내리려는 것을 말리면서 기차가 곧 출발하려고 한다고 말했다. 류 씨는 그가 아들을 배웅하러 온 것이라고 말했다.

1 유머 이야기 유형에서는 주로 반전이 있기 때문에 반드시 끝까지 집중해서 들어야 한다.

2 유머 이야기 유형에서는 가능하면 마지막 반전을 그대로 외워서 대답하는 것이 좋다.

예제 1번 듣기 스크립트 확인하기

음원을 들으면서 듣기 스크립트를 확인하고, 큰 소리로 따라 연습하세요.

刘先生和儿子风风火火地跑到了火车站，这时离开车只有三分钟了。他们跑了起来，刘先生跑得很快，先上了火车。他上车后看见儿子还在车下面，就要下车。列车员拦住他说："先生，不能下车，车马上就要开了。"刘先生哭笑不得地说："不是我要坐车，我是来送我儿子的。"

해석 류 씨와 아들은 눈썹을 휘날리며 기차역으로 달려갔는데, 이때 기차 출발 시간까지 3분밖에 남지 않았다. 그들은 달리기 시작했고, 류 씨는 매우 빠르게 달려서 먼저 기차에 올라탔다. 그는 기차에 탄 후 아직 아들이 기차 아래에 있는 것을 보고 내리려고 했다. "선생님, 지금 내릴 수 없습니다. 기차가 곧 출발합니다."라고 승무원이 말리면서 말했다. 류 씨는 웃지도 울지도 못한 채 대답했다. "제가 차를 타려는 게 아니라, 아들을 배웅하러 왔어요."

핵심만 공략하자! 기출 예제로 유형 파악하기 2

예제2 녹음을 듣고 다시 말해 보세요.

지문 내용 핵심 정리

01 **인물**: 一个班的学生们，剩下的一个学生

02 **시간**: 要毕业了

03 **사건**: 学生们几乎都找到了工作，只剩下一个学生还没有找到工作

04 **결과**: 剩下的这名学生找到了最好的工作

모범 답변 확인하기

끊어 읽기와 강세에 주의하며 모범 답변을 연습하세요. / 끊어 읽기 ■ 강세

一个班的学生们/毕业前/几乎都找到了工作，只剩下一个学生/还没有找到工作。
Yí ge bān de xuéshengmen bìyè qián jīhū dōu zhǎodào le gōngzuò, zhǐ shèngxià yí ge xuésheng hái méiyǒu zhǎodào gōngzuò.

这时，有个大公司/来招聘，年薪/五十万。
Zhèshí, yǒu ge dà gōngsī lái zhāopìn, niánxīn wǔshí wàn.

于是，剩下的这名学生/找到了最好的工作。我们的人生/正是如此，机遇很重要。
Yúshì, shèngxià de zhè míng xuésheng zhǎodào le zuìhǎo de gōngzuò. Wǒmen de rénshēng zhèng shì rúcǐ, jīyù hěn zhòngyào.

해석 한 반의 학생들은 졸업 전부터 거의 모두 일자리를 찾았는데, 오직 한 명의 학생만 아직 직장을 구하지 못했다. 이때, 어떤 큰 회사에서 채용을 하러 왔는데, 연봉이 50만 위안이었다. 그래서 남은 이 학생은 가장 좋은 직장을 구했다. 우리의 인생은 바로 이처럼 기회가 매우 중요하다.

쉬엔 쌤의 풀이 꿀팁2

1. 반복되는 내용이나 길게 서술한 내용은 핵심만 요약하면 된다.
2. 성공 일화에서는 특정 인물에 대해 언제, 어디서, 어떤 사건이 발생했으며, 그 결과가 어떻게 되었는지까지 언급하기 때문에, 사건의 경과에 따라 기억하면 더 쉽게 대답할 수 있다.
3. 등장 인물이 2명 이상일 때, 각각 연결되는 상황이나 결과를 정확하게 기억해야 한다. 헷갈리지 않게 암기하는 것에 집중해야 한다.

예제 2번 듣기 스크립트 확인하기

음원을 들으면서 듣기 스크립트를 확인하고, 큰 소리로 따라 연습하세요.

一个班的学生们毕业前就几乎都找到了工作。眼看就要毕业了，只剩下一个学生还没有找到工作。大家都在背地里议论他的时候，有个大公司来招聘销售经理，年薪五十万。于是，剩下的这名学生找到了最好的工作。我们的人生正是如此，最重要的就是要在最合适的时间做出最好的选择。

해석 한 반의 학생들은 졸업 전부터 거의 모두 일자리를 찾았다. 이제 곧 졸업하는데 한 명의 학생만 아직 직장을 구하지 못했다. 모두가 뒤에서 그에 대해 이야기하고 있을 때, 어떤 큰 회사에서 마케팅 매니저를 모집하러 왔는데, 연봉이 50만 위안이었다. 그래서 남은 이 학생이 가장 좋은 직장을 구했다. 우리의 인생이 바로 이러하다. 가장 중요한 것은 가장 적절한 시기에 최선의 선택을 하는 것이다.

실력 다지기 실전 테스트

MP3 2-4

HSKK 중국어 말하기 시험

답변 시간: 각 문항당 약 2분

第一部分：第1-3题，听后复述。

1.

2.

3.

제1부분 | 듣고 다시 말하기

03 설명문

필수 어휘

음원을 들으며 제시된 단어를 익혀 보세요.

단어	병음	뜻
善于	shànyú	동 ~에 능숙하다, ~을 잘하다
随着	suízhe	전 ~따라서, ~에 따라
变化	biànhuà	명 변화 동 변화하다
捕捉	bǔzhuō	동 잡다, 붙잡다
隐藏	yǐncáng	동 숨기다, 숨다, 감추다
占	zhàn	동 차지하다, 점령하다
其余	qíyú	명 나머지, 남은 것
针对性	zhēnduì xìng	명 맞춤형, 타겟
饮用	yǐnyòng	동 마시다
导致	dǎozhì	동 야기하다, 초래하다
营养失调	yíngyǎng shītiáo	영양실조
免疫力	miǎnyìlì	명 면역력
疾病	jíbìng	명 질병, 병
属于	shǔyú	동 ~에 속하다
脂肪	zhīfáng	명 지방
搭配	dāpèi	동 조합하다, 곁들이다

이것만 공부하자! 필수 표현

필수 표현1

当……时　　~할 때

예시1 当它在草丛中或树枝上捕捉食物时，它身体表面的颜色就会变成绿色。
그것이 풀숲이나 나뭇가지에서 먹이를 잡을 때, 그것의 몸 표면의 색이 녹색으로 변한다.

예시2 当它在地上爬行时，又会变成和泥土差不多的土色。
그것이 땅을 기어 다닐 때는, 흙과 비슷한 흙빛으로 변한다.

필수 표현2

有利于……　　~에 좋다, ~에 도움이 된다

예시1 变色既有利于隐藏自己，又有利于捕捉猎物。
색을 바꾸는 것은 자신을 숨기기에도 좋고, 사냥감을 잡기에도 도움이 된다.

예시2 锻炼身体有利于健康。 운동은 건강에 도움이 된다.

필수 표현3

此外　　이 밖에, 이외에

예시1 此外，长期饮用纯净水还会增加钙的流失。
이 밖에도, 장기간 정제수를 마시면 칼슘 손실이 증가할 수 있다.

예시2 此外，长时间看手机还会导致视力下降。
이 밖에, 장시간 휴대 전화를 보면 시력 저하를 야기할 수 있다.

필수 표현4

不宜…… ~하는 것은 좋지 않다, ~해서는 안 된다

예시1 患有糖尿病的老年人不宜长期饮用纯净水。
당뇨병을 앓고 있는 노년층이 장기간 정제수를 복용하는 것은 좋지 않다.

예시2 青少年看手机的时间每天不宜超过两个小时。
청소년이 휴대 전화를 보는 시간이 매일 두 시간을 초과하는 것은 좋지 않다.

필수 표현5

其实不然 사실은 그렇지 않다

예시1 很多人都以为慢跑是万能的，其实不然。
많은 사람들은 러닝이 만능이라고 생각하는데, 사실 그렇지 않다.

예시2 很多人都以为运动的时间越长越好，其实不然。
많은 사람들은 운동 시간이 길수록 좋다고 생각하는데, 사실 그렇지 않다.

필수 표현6

这样才能 이렇게 해야만 ~하다, 그래야만 ~하다

예시1 这样才能达到最好的效果。 이렇게 해야 최상의 효과를 얻을 수 있다.

예시2 这样才能起作用。 이렇게 해야만 효과가 있다.

필수 표현7

所谓……就是指…… 이른바 ~란 바로 ~을 가리킨다

예시1 所谓“二八法则”就是指一组东西中，最重要的往往只占其中的20%。
이른바 '28법칙'이란 한 그룹의 물건 중 가장 중요한 것은 20퍼센트에 불과하다는 것을 의미한다.

예시2 所谓“贪心”就是指得到了一切也不知道满足。
이른바 '욕심'이란 것은 모든 것을 얻고도 만족을 모르는 것을 말한다.

필수 표현8

事半功倍　　적은 노력으로 큰 효과를 거두다

예시1 加强有针对性的服务，这样才会有事半功倍的效果。
맞춤형 서비스를 강화해야 적은 노력으로 큰 효과를 얻을 수 있다.

예시2 找到适合自己的办法，这样才会事半功倍。
자신에게 적합한 방법을 찾아야만 적은 노력으로 큰 효과를 얻을 수 있다.

필수 표현9

由于……原因　　~원인 때문에, ~로 인해

예시1 由于气温变暖等原因，人们经常会觉得身体疲劳。
날씨가 따뜻해지는 것 등의 원인으로 인해, 사람들은 피로감을 자주 느끼게 된다.

예시2 由于种种原因，他提前退休了。 다양한 이유로 인해, 그는 앞당겨서 은퇴했다.

필수 표현10

比如　　예를 들면, 예컨대

예시1 比如多吃水果、蔬菜，少吃油腻的食物等等。
예를 들면 과일이나 채소를 많이 먹고, 기름진 음식은 적게 먹는 것 등이 있다.

예시2 夏天能吃到很多水果，比如西瓜、桃子等。
여름에 많은 과일을 먹을 수 있는데, 예를 들면 수박, 복숭아 등이 있다.

핵심만 공략하자! 기출 예제로 유형 파악하기 1

예제1 녹음을 듣고 다시 말해 보세요.

지문 내용 핵심 정리

01 **키워드**: 变色龙

02 **특징**: 随着环境的变化，改变自己身体的颜色

03 **이유(1)**: 有利于隐藏自己

04 **이유(2)**: 有利于捕捉猎物

모범 답변 확인하기

끊어 읽기와 강세에 주의하며 모범 답변을 연습하세요. / 끊어 읽기 ■ 강세

变色龙善于/随着环境的变化，改变/自己身体的颜色。
Biànsèlóng shànyú suízhe huánjìng de biànhuà, gǎibiàn zìjǐ shēntǐ de yánsè.

它在草丛中/会变成绿色，在地上/会变成土色。
Tā zài cǎocóng zhōng huì biànchéng lǜsè, zài dìshang huì biànchéng tǔsè.

它这么做，是因为/变色既有利于/隐藏自己，又有利于/捕捉猎物。
Tā zhème zuò, shì yīnwèi biànsè jì yǒulì yú yǐncáng zìjǐ, yòu yǒulì yú bǔzhuō lièwù.

해석 카멜레온은 환경의 변화에 따라 자신의 몸 색깔을 수시로 바꾸는 것을 잘한다. 그것은 풀숲에서는 녹색으로 변하고, 땅에서는 흙빛으로 변한다. 카멜레온이 이렇게 하는 것은, 색을 바꾸는 것이 자신을 숨기기도 좋고 사냥감을 잡기에도 도움이 되기 때문이다.

쉬엔 쌤의 풀이 꿀팁1

1 설명문에서는 도입 부분에 말하고자 하는 주제가 등장하기 때문에 문장의 첫머리를 집중해서 들어야 한다.

2 반복하여 등장하는 핵심 키워드는 글의 핵심 내용이므로 반드시 외워야 한다.

3 접속사, 자주 호응하는 짝꿍 표현을 많이 알고 있으면 더 쉽게 들리고 정확히 암기할 수 있다.

예제 1번 듣기 스크립트 확인하기

음원을 들으면서 듣기 스크립트를 확인하고, 큰 소리로 따라 연습하세요.

变色龙善于随着环境的变化，随时改变自己身体的颜色，当它在草丛中或树枝上捕捉食物时，它身体表面的颜色就会变成绿色；当它在地上爬行时，又会变成和泥土差不多的土色。它之所以这样不辞劳苦地变色，是因为变色既有利于隐藏自己，又有利于捕捉猎物。

해석 카멜레온은 환경의 변화에 따라 자기 몸의 색깔을 수시로 바꾸는 것을 잘한다. 카멜레온이 풀숲이나 나뭇가지에서 먹이를 잡을 때면 몸 표면의 색이 녹색으로 변하고, 땅을 기어 다니면 흙과 비슷한 흙빛으로 변한다. 카멜레온이 이렇게 고생을 마다하지 않고 색을 바꾸는 것은 자신을 숨기기도 좋고 사냥감을 잡기에도 도움이 되기 때문이다.

핵심만 공략하자! 기출 예제로 유형 파악하기 2

예제2 녹음을 듣고 다시 말해 보세요. 

지문 내용 핵심 정리

01 키워드: 纯净水

02 특징: 长期饮用纯净水对身体不好

03 결과(1): 导致免疫力下降，引发疾病

04 결과(2): 增加钙的流失

모범 답변 확인하기

끊어 읽기와 강세에 주의하며 모범 답변을 연습하세요. / 끊어 읽기 ■ 강세

不少人认为，水/越纯/越好。
Bùshǎo rén rènwéi, shuǐ yuè chún yuè hǎo.

事实上，长期饮用纯净水/会导致/免疫力下降，引发疾病。
Shìshí shang, chángqī yǐnyòng chúnjìngshuǐ huì dǎozhì miǎnyìlì xiàjiàng, yǐnfā jíbìng.

此外，长期饮用纯净水/还会增加钙的流失。老年人，儿童以及孕妇/都不宜/长期饮用纯净水。
Cǐwài, chángqī yǐnyòng chúnjìngshuǐ hái huì zēngjiā gài de liúshī. Lǎonián rén, értóng yǐjí yùnfù dōu bùyí chángqī yǐnyòng chúnjìngshuǐ.

해석 많은 사람들은 물이 순수할수록 좋다고 생각한다. 사실상 장기간 정제수를 마시면 면역력이 떨어지고, 질병을 일으키기 쉽다. 이 밖에 정제수를 장기간 마시면 칼슘 손실도 증가한다. 노인, 어린이 및 임산부는 장기간 정제수를 마시면 안 된다.

1 설명문에서는 '很多人认为', '事实上', '其实', '所谓' 같은 표현 뒤에 우리가 흔히 알고 있는 사실과는 다른 글의 주제나 핵심 키워드가 나오기 때문에 주의 깊게 들어야 한다.

2 설명문에서는 건강, 운동, 일반 상식, 과학 등과 관련된 주제가 자주 출제되므로 관련 필수 어휘를 정리해 두는 것이 좋다.

3 전문 용어나 고유명사는 정확하게 외워야 하고, 사자성어나 속담 등은 가능한 한 외워서 그대로 활용하면 고득점을 기대해 볼 수 있다.

예제 2번 듣기 스크립트 확인하기

음원을 들으면서 듣기 스크립트를 확인하고, 큰 소리로 따라 연습하세요.

不少人认为，水越纯越好。事实上，长期饮用纯净水会导致身体营养失调。大量饮用纯净水，会带走体内有用的微量元素，从而导致免疫力下降，易引发疾病。此外，长期饮用纯净水还会增加钙的流失。患有心血管病、糖尿病的老年人，儿童以及孕妇都不宜长期饮用纯净水。

해석 많은 사람들은 물이 순수할수록 좋다고 생각한다. 사실 장기간 정제수를 마시면 영양실조를 유발할 수 있다. 정제수를 많이 마시면 체내에서 유용한 미네랄을 제거하여 면역력을 저하시키고 질병을 일으키기 쉽다. 또한 정제수를 장기간 마시면 칼슘 손실이 증가한다. 심혈관 질환이나 당뇨병이 있는 노인, 어린이 및 임산부는 정제수를 장기간 마시지 말아야 한다.

실력 다지기 실전 테스트

HSKK 중국어 말하기 시험 답변 시간: 각 문항당 약 2분

第一部分：第1-3题，听后复述。

1.

2.

3.

04 논설문

필수 어휘

음원을 들으며 제시된 단어를 익혀 보세요.

단어	병음	뜻
投资	tóuzī	동 투자하다 명 투자
预测	yùcè	동 예측하다 명 예측
依赖	yīlài	동 의존하다, 기대다, 의지하다
专家	zhuānjiā	명 전문가
承担	chéngdān	동 맡다, 담당하다, 책임지다
风险	fēngxiǎn	명 위험, 리스크
尽力	jìnlì	동 힘을 다하다, 최선을 다하다
承认	chéngrèn	동 인정하다, 시인하다
教育	jiàoyù	명 교육 동 교육하다
指导	zhǐdǎo	동 지도하다, 가르치다
取代	qǔdài	동 대신하다, 대체하다
截然不同	jiérán bùtóng	성어 완전히 다르다
享受	xiǎngshòu	동 누리다, 즐기다 명 즐거움
忠实	zhōngshí	형 충실하다, 진실되다
成就感	chéngjiù gǎn	명 성취감
追求	zhuīqiú	동 추구하다

이것만 공부하자! 필수 표현

필수 표현1

取决于…… ~에 따라 결정되다, ~에 달리다

예시1 很多人都觉得投资成功与否取决于一个人的预测能力。
많은 사람들은 투자 성공 여부가 한 사람의 예측 능력에 따라 결정된다고 생각한다.

예시2 能不能成功主要取决于以下三个因素。
성공 여부는 주로 다음 세 가지 요인에 달려 있다.

필수 표현2

A不如B A는 B만 못하다, B가 A보다 낫다

예시1 其实，有时候相信专家不如相信自己。
사실, 때로는 전문가를 믿는 것보다 자신을 믿는 것이 더 낫다.

예시2 去学习班学汉语不如上网课自己学。
학원에 가서 중국어를 배우는 것보다 온라인 수업으로 혼자 배우는 것이 더 낫다.

필수 표현3

从……角度来看 ~입장에서 보면, ~각도로 보면

예시1 从智力发展的角度来看，看电视是不能取代阅读的。
지적 발달의 관점에서 볼 때, TV 시청은 독서를 대체할 수 없다.

예시2 我们要从不同的角度来看这件事。 우리는 다른 관점에서 이 일을 봐야 한다.

필수 표현4

无论如何也不能…… 어찌 되었든 ~해서는 안 된다

예시1 看电视是无论如何也不能取代阅读的。
TV 보는 것은 어찌 되었든 독서를 대체할 수 없다.

예시2 这件事无论如何也不能耽误。이 일은 어찌 되었든 지체해서는 안 된다.

필수 표현5

不管A都B A에 상관없이, 모두 B하다

예시1 不管这个故事你已经听过了多少遍，你都要表现出好像是第一次听到的那种新鲜感。
당신이 이미 이 이야기를 몇 번이나 들었든지 상관없이, 당신은 처음 듣는 것 같은 새로움을 보여야 한다.

예시2 她不管吃多少饭，都不胖。 그녀는 얼마나 먹는지에 상관없이 살이 찌지 않는다.

필수 표현6

不仅能A，更能B A가 가능할 뿐만 아니라, B도 가능하다

예시1 这样的小互动不仅能引起孩子的兴趣，更能让孩子产生成就感。
이러한 작은 상호 작용은 아이의 흥미를 끌 뿐만 아니라, 아이가 성취감을 느끼도록 한다.

예시2 慢跑不仅能减肥，更能让我们变得健康。
러닝은 다이어트가 가능할 뿐만 아니라, 우리를 더 건강하게 한다.

필수 표현7

不妨…… ~해도 무방하다, ~해도 괜찮다

예시1 我们不妨去追求最好。 우리는 최고를 추구해도 무방하다.

예시2 当你不知道该不该做的时候，不妨选择尝试一次。
당신은 해야 할지 말아야 할지 모를 때, 한 번 시도해 보는 것도 괜찮다.

필수 표현8

不是A，而是B　　A가 아니라, B이다

예시1 结果得到的不是最好，而是次好。
얻은 결과는 가장 좋은 것이 아니라, 차선이다.

예시2 这不是运气不好的问题，而是你水平不够的问题。
이것은 운이 나쁜 문제가 아니라, 당신의 수준이 부족한 문제이다.

필수 표현9

未必……　　반드시 ~한 것은 아니다

예시1 三十岁以前就尝到失业的滋味，未必是一件坏事。
서른 살 이전에 실업의 맛을 본 것은 반드시 나쁜 일은 아니다.

예시2 贵的东西未必都好。 비싼 물건이라고 반드시 모두 좋은 것은 아니다.

필수 표현10

甚至　　심지어

예시1 甚至利用这个机会去逼着自己寻找梦想。
심지어 이 기회를 이용하여 스스로 꿈을 찾도록 압박할 수 있다.

예시2 他经常撒谎，甚至连他的父母都不相信他说的话。
그는 거짓말을 자주 해서, 심지어 그의 부모조차도 그의 말을 믿지 않는다.

핵심만 공략하자! 기출 예제로 유형 파악하기 1

예제1 녹음을 듣고 다시 말해 보세요.

지문 내용 핵심 정리

01 **키워드**: 投资成功

02 **주장**: 有时候相信专家不如相信自己

03 **이유**: 专家也无法预测未来

04 **결론**: 要做到“多赢少输”

모범 답변 확인하기

끊어 읽기와 강세에 주의하며 모범 답변을 연습하세요. / 끊어 읽기 ■ 강세

很多人投资的时候/都过度地依赖于/专家的指点。
Hěn duō rén tóuzī de shíhou dōu guòdù de yīlài yú zhuānjiā de zhǐdiǎn.

但是，其实有时候/相信专家/不如相信自己。
Dànshì, qíshí yǒushíhou xiāngxìn zhuānjiā bùrú xiāngxìn zìjǐ.

因为/专家也无法/预测未来，“只赢不输”的投资方法/是不存在的，做到“多赢少输”/就行了。
Yīnwèi zhuānjiā yě wúfǎ yùcè wèilái, “zhǐ yíng bù shū”de tóuzī fāngfǎ shì bù cúnzài de, zuòdào “duō yíng shǎo shū” jiù xíng le.

해석 많은 사람들이 투자할 때 전문가의 조언에 과도하게 의존한다. 하지만 사실 때로는 전문가를 믿는 것보다 자신을 믿는 것이 더 나을 수도 있다. 왜냐하면 전문가도 미래를 예측할 수 없기 때문에, '이기만 하고 지지 않는' 투자 방법은 존재하지 않다. '더 이기고 덜 지는 것'을 해내면 된다.

쉬엔 쌤의 풀이 꿀팁1

1 화자의 주장은 '要', '应该'와 같은 조동사 뒤에 자주 등장하므로, 이 단어가 들리면 더욱 집중해서 들어야 한다.

2 '其实'와 같은 전환 관계를 나타내는 어휘 뒷부분이 핵심 내용이기 때문에, 집중해서 들어야 한다.

3 생각이 나지 않을 때는, 2~3초 정도 멈춰서 앞뒤에 들리는 키워드를 적극 활용하는 것도 방법이다.

예제 1번 듣기 스크립트 확인하기

음원을 들으면서 듣기 스크립트를 확인하고, 큰 소리로 따라 연습하세요.

很多人都觉得投资成功与否取决于一个人的预测能力。于是很多人都过度地依赖专家的指点。但是其实有时候相信专家不如相信自己。因为所有的专家都和你一样，都无法预测未来，也都要承担投资的风险。要知道，"只赢不输"的投资方法是不存在的，你只是要尽力做到"多赢少输"而已。

해석 많은 사람들은 한 사람의 예측 능력에 따라 투자의 성공 여부가 결정된다고 생각한다. 그래서 많은 사람들이 전문가의 조언에 과도하게 의존한다. 하지만 전문가를 믿는 것보다 때로는 자신을 믿는 것이 더 나을 수도 있다. 모든 전문가가 당신과 마찬가지로 미래를 예측할 수 없고, 마찬가지로 투자의 위험도 감수해야 하기 때문이다. '이기기만 하고 지지 않는' 투자 방법은 존재하지 않으며, '더 이기고 덜 지는 것'을 위해 최선을 다해야 한다는 것을 알아야 한다.

핵심만 공략하자! 기출 예제로 유형 파악하기 2

예제2 녹음을 듣고 다시 말해 보세요.

지문 내용 핵심 정리

01 **키워드**: 电视节目，阅读

02 **주장**: 从智力发展的角度来看，看电视是不能取代阅读的

03 **이유**: 电视留给人想象的空间很小

04 **결론**: 读书与看电视恰恰相反

모범 답변 확인하기

끊어 읽기와 강세에 주의하며 모범 답변을 연습하세요. / 끊어 읽기 ■ 강세

优秀的电视节目/对人有/教育指导作用。
Yōuxiù de diànshì jiémù duì rén yǒu jiàoyù zhǐdǎo zuòyòng.

但是/从智力发展的角度/来看，看电视是/不能取代/阅读的。
Dànshì cóng zhìlì fāzhǎn de jiǎodù lái kàn, kàn diànshì shì bù néng qǔdài yuèdú de.

因为电视画面/给人提供了/丰富的视觉享受，但留给人想象的空间/就小了，而读书/正好相反。
Yīnwèi diànshì huàmiàn gěi rén tígòng le fēngfù de shìjué xiǎngshòu, dàn liúgěi rén xiǎngxiàng de kōngjiān jiù xiǎo le, ér dúshū zhènghǎo xiāngfǎn.

해석 우수한 TV 프로그램은 사람들에게 교육 지도하는 역할을 한다. 하지만 지적 발달 관점에서 볼 때, TV 시청은 독서를 대체할 수 없다. 왜냐하면 TV 화면은 풍부한 시각적 즐거움을 주지만 동시에 사람이 상상할 수 있는 공간은 훨씬 좁아진다. 그러나 독서는 바로 그 반대이다.

쉬엔 쌤의 풀이 꿀팁2

1 화자의 주장부터 그 주장을 뒷받침하는 근거와 예시, 결론까지 전체적인 맥락을 이해하면 한층 기억하기 쉽다.

2 논설문에서는 교육, 처세, 성공 등과 관련된 주제가 자주 출제되므로 관련 필수 어휘를 정리해 두는 것이 좋다.

3 전체적인 내용을 모두 답하기 어렵다면, 화자의 주장이 담겨있는 부분 위주로 대답해도 괜찮다. 하지만, 화자의 주장에 자신의 견해를 덧붙여 말하지 않도록 주의해야 한다.

예제 2번 듣기 스크립트 확인하기

음원을 들으면서 듣기 스크립트를 확인하고, 큰 소리로 따라 연습하세요. 

我们都承认，优秀的电视节目对人有教育指导作用。但是从智力发展的角度来看，看电视是无论如何也不能取代阅读的。因为人在看电视和阅读时，参与活动的大脑状态是截然不同的。电视画面给人提供了丰富的视觉享受，但同时留给人想象的空间就小了很多，人只能被动接受信息，而读书则相反。

해석 우리는 우수한 TV 프로그램이 사람들에게 교육 지도하는 역할을 한다는 것을 모두 인정한다. 하지만 지능 발달 측면에서 볼 때, TV 시청은 도저히 독서를 대체할 수 없다. TV를 볼 때와 책을 읽을 때 활동에 참여하는 뇌의 상태가 매우 다르기 때문이다. TV 화면은 풍부한 시각적 즐거움을 주지만 동시에 상상을 할 수 있는 공간은 훨씬 좁아져 정보를 수동적으로 받아들일 수밖에 없는데, 독서는 바로 그 반대이다.

실력 다지기 실전 테스트

MP3 4-4

HSKK 중국어 말하기 시험

답변 시간: 각 문항당 약 2분

第一部分：第1-3题，听后复述。

1.

2.

3.

제2부분

朗读

낭독

제2부분은 제시된 단문을 소리 내어 낭독하는 유형으로 총 1문제가 출제되고 시험 시간은 2분이며 제3부분과 함께 총 10분의 준비 시간이 주어진다.

낭독 부분의 준비 시간은 2분 내외가 적절하며, 시험 시간 역시 2분이므로 2분 내에 낭독을 마쳐야 한다. 준비 시간에는 헷갈리는 발음이나 모르는 어휘를 메모장에 표시해 두는 것이 좋다. 이때 메모는 중국어로 해야 한다.

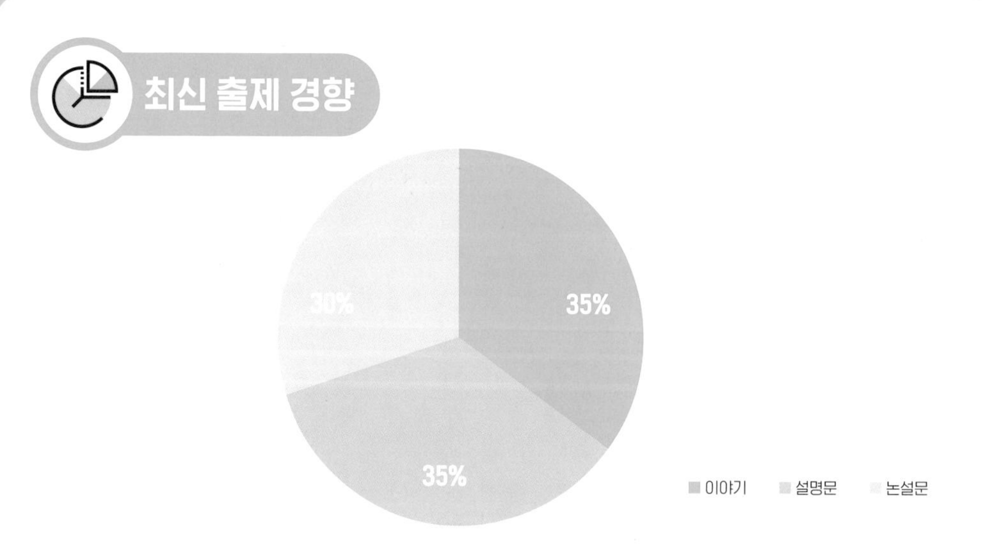

주제별 출제 비중을 살펴보면 우화나 수필 같은 이야기나 중국의 지역 특징이나 문화에 대한 설명문이 많이 출제된다. 또한 화자의 주장이 담긴 논설문도 낭독 지문으로 자주 출제되는 편이다. 글의 유형에 따라 낭독하는 속도와 낭독 방법을 결정하는 것이 좋다. 특히 낭독에서 주의할 점은 강세를 잘 살려서 끊어 읽어야 하고, 다음자와 생소한 한자를 주의해야 한다.

쉬엔 쌤의 공 략 비 법

핵심1 정확한 성조와 발음이 가장 중요하다.

중국어는 성조 하나로 뜻이 달라지는 경우가 많기 때문에 정확한 성조와 발음이 가장 중요하다. 특히 낭독 부분에서는 다음자가 자주 등장하기 때문에 정리해 두어야 한다. HSK 5급, 6급의 단문 듣기 지문을 활용해서 낭독하는 연습을 하는 것이 많은 도움이 된다.

핵심2 정확한 내용 전달을 위해 끊어 읽기에 유의하자.

한국어도 끊지 않고 이어서 말하면 이해하기 힘들 듯이 중국어도 의미에 따라 끊어 읽는 것이 매우 중요하다. 기본적인 끊어 읽기 규칙을 이해하고, 평소 원어민 음원 파일을 이용하여 쉐도잉 연습하는 것이 좋다.

핵심3 낭독의 내용에 따라 강세에 신경 쓰면 고득점도 가능하다.

글의 내용에 따라 강조해야 하는 부분과 어조가 달라질 수 있다. 예를 들어 이야기 글에서는 대화가 나오면 실제 대화처럼 실감나게 낭독하는 것이 좋고, 설명문에서는 전문용어나 설명하고자 하는 주제를 강조해서 읽는 것이 좋다. 또한 화자의 주장이 분명한 논설문에서는 화자의 주장에 강세를 주어 읽는 것이 좋다. 이처럼 글의 내용에 따라 강세와 어조를 신경 쓴다면 고득점도 가능하다.

핵심4 주변을 신경 쓰지 말고 나만의 낭독 속도를 찾자.

일반적으로 낭독할 때 아는 글자들은 빠르게 읽고 헷갈리거나 모르는 부분은 느리게 읽거나 버벅거리기 쉽다. 준비 시간에 헷갈리거나 모르는 글자를 미리 표시해 두고, 모르는 글자는 부수를 보고 발음을 유추하여 적어 두는 것이 일정한 속도를 유지하는 데 도움이 된다. 그리고 말하기 시험 환경에서는 다른 사람들의 낭독 소리도 같이 들리기 때문에 흔들리지 않고 나만의 낭독 속도를 찾는 것도 매우 중요하다.

제2부분 | 낭독

05 강세와 끊어 읽기

이것만 공부하자! 강세 규칙

문법 강세

일반적으로 짧은 문장의 술어, 중심어를 수식하는 수식어, 把자문의 목적어, 복문에서의 연결어 등은 강세를 주어 읽어야 한다.

❶ 짧은 문장의 술어인 '是'에 강세를 주어 읽는다.

예시 我的考号是12345。

나의 수험 번호는 12345이다.

❷ 짧은 문장의 술어인 '喜欢'과 중심어를 수식하는 수식어인 '鲜艳'에 강세를 주어 읽는다.

예시 我喜欢鲜艳的颜色。

나는 화려한 색깔을 좋아한다.

❸ 把자문은 목적어를 어떻게 처치했는지 강조하는 문장이므로, 목적어인 '公司的材料'에 강세를 주어 읽는다.

예시 我把公司的材料弄丢了。

나는 회사의 자료를 잃어버렸다.

❹ 일반적으로 복문에서 연결어는 내용의 점층이나 전환 등을 나타내므로 강세를 주어 읽는다.

예시 虽然考试很难，但是我合格了。

비록 시험이 어려웠지만, 그러나 나는 합격했다.

논리적 강세

같은 문장이어도, 상황이나 질문 내용에 따라 다르게 읽어야 한다. 이때는 앞뒤 문맥을 파악하고 논리에 맞게 강세를 주어 읽어야 한다.

1 哪个是你的书？ ▶ 这是我的书。
어느 것이 너의 책이니? 이것은 저의 책이에요.

2 这是不是你的书？ ▶ 这是我的书。
이것은 너의 책이니, 아니니? 이것은 저의 책이에요.

3 这是谁的书？ ▶ 这是我的书。
이것은 누구의 책이니? 이것은 저의 책이에요.

4 这是什么？ ▶ 这是我的书。
이것은 무엇이니? 이것은 저의 책이에요.

감정적 강세

어떤 감정을 강조하고 싶을 때, 또는 정도나 느낌을 살려서 말하고 싶을 때는 일반적으로 정도부사에 강세를 주어 읽어야 한다.

1 你太漂亮了！ 너 정말 예쁘다!

2 这次考试特别难！ 이번 시험은 특히 어려워!

3 这是什么情况？ 이것은 무슨 상황이야?

4 你做的菜怎么这么好吃？ 네가 만든 요리는 어째서 이렇게 맛있어?

이것만 공부하자! 끊어 읽기

문법에 따른 끊어 읽기

일반적으로 문장 구조에 따라 주어 뒤, 술어 뒤, 접속사 뒤, 문장 부호 뒤에서 끊어 읽어야 한다. 다만, 주어가 짧을 경우 주어와 술어를 붙여서 읽고 술어 뒤에서 한 번만 끊어 읽어도 된다.

1 虽然/我们遇到了/很多困难，但是/没有什么困难/是克服不了的。
우리는 비록 많은 어려움을 마주했지만, 그러나 극복할 수 없는 어려움은 없었다.

2 人/都有惰性，一旦/出现了一次/不认真的情况，就会/越来越/不认真。
사람은 모두 타성이 있기 때문에, 한 번 열심히 하지 않은 상황이 발생하면, 점점 더 나태해질 수 있다.

논리에 따른 끊어 읽기

문장의 의미를 파악하고, 글의 논리가 드러날 수 있도록 끊어 읽어야 한다.

1 小胖子打败了刘华/得了乒乓球冠军。
뚱보는 리우화를 물리치고, 탁구 챔피언을 차지했다.

2 大学生最好/好好学习，毕业以后/积累了丰富的经验以后/再创业也不晚。
대학생은 열심히 공부하는 것이 가장 좋고, 졸업 후에 풍부한 경험을 쌓고 나서 창업을 해도 늦지 않다.

감정에 따른 끊어 읽기

문장의 의미에 따라 강조하고자 하는 감정을 나타내는 말 앞에서 끊어 읽고, 정도부사에 강세를 주어 읽어야 한다.

1 狐狸说："这是一只/多么美丽的鸟，太/迷人了。"
여우가 말했다. "이것은 얼마나 아름다운 새인가, 너무 매혹적이네요."

2 鹦鹉说："老牛啊，你怎么这么/傻？你看看我，只说几句漂亮话，农夫就这么/喜欢我！而你/这么辛苦地种田，农夫/却从来没夸过你！"
앵무새가 말했다. "황소야, 너는 왜 이렇게 바보같니? 날 좀 봐, 예쁜 말 몇 마디만 하면, 농부가 나를 이렇게 좋아하는데! 그런데 너는 이렇게 힘들게 농사를 지으면서도, 농부는 한 번도 너를 칭찬한 적이 없어!"

핵심만 공략하자! 기출 예제로 유형 파악하기

제시된 글을 보고 낭독하세요. (준비 시간 2분, 낭독 2분)

在森林深处，生活着一只很狡猾的小狐狸，它可以为了自己想要的东西而不惜一切代价，这导致它在森林里和其他小动物的关系很不好，每个动物看见它都躲得远远的，生怕小狐狸来找麻烦。这天是小狐狸的生日，可是没有一个动物来参加它的生日派对，小狐狸在家很是寂寞，它望着远处，静静地想着自己以前的种种恶作剧，心里有些愧疚，它觉得自己以前做的事的确很过分。小狐狸转身回到房间，提笔在纸上写道："对不起，以前是我错了，我以后一定改正，你们能来参加我的生日派对吗？"小狐狸写了许多的信，然后挨家挨户地把信送给小动物们，不一会儿，森林里所有的动物都来参加小狐狸的生日派对了，还给它带来了生日礼物。

음원을 듣고, 강세와 끊어 읽기 표시를 유의하여 큰 소리로 따라 연습하세요. 

在森林深处，生活着一只/很狡猾的/小狐狸，它可以为了自己想要的东西/
Zài sēnlín shēnchù, shēnghuó zhe yì zhī hěn jiǎohuá de xiǎo húli, tā kěyǐ wèi le zìjǐ xiǎng yào de dōngxi

而不惜/一切代价，这导致/它在森林里/和其他小动物的关系/很不好，
ér bùxī yíqiè dàijià, zhè dǎozhì tā zài sēnlín lǐ hé qítā xiǎo dòngwù de guānxì hěn bù hǎo,

每个动物看见它/都躲得/远远的，生怕/小狐狸来找麻烦。
měi ge dòngwù kànjiàn tā dōu duǒ de yuǎnyuǎn de, shēngpà xiǎo húli lái zhǎo máfan.

这天/是小狐狸的生日，可是/没有一个动物/来参加它的生日派对，
Zhè tiān shì xiǎo húli de shēngrì, kěshì méiyǒu yí ge dòngwù lái cānjiā tā de shēngrì pàiduì,

小狐狸在家/很是寂寞，它望着远处，静静地想着/自己以前的/种种恶作剧，

xiǎo húli zài jiā hěn shì jìmò, tā wàngzhe yuǎnchù, jìngjìng de xiǎngzhe zìjǐ yǐqián de zhǒngzhǒng èzuòjù,

心里/有些愧疚，它觉得/自己以前做的事/的确很过分。
xīnlǐ yǒuxiē kuìjiù, tā juéde zìjǐ yǐqián zuò de shì díquè hěn guòfèn.

小狐狸转身/回到房间，提笔/在纸上写道：“对不起，以前/是我错了，
Xiǎo húli zhuǎnshēn huídào fángjiān, tí bǐ zài zhǐshàng xiědào: “Duìbuqǐ, yǐqián shì wǒ cuò le,

我以后一定改正，你们能来参加/我的生日派对吗？”小狐狸写了许多的信，
wǒ yǐhòu yídìng gǎizhèng, nǐmen néng lái cānjiā wǒ de shēngrì pàiduì ma?” Xiǎo húli xiě le xǔduō de xìn,

然后/挨家挨户地/把信/送给小动物们，不一会儿，森林里所有的动物/
ránhòu āijiā āihù de bǎ xìn sònggěi xiǎo dòngwùmen, bù yíhuìr, sēnlín lǐ suǒyǒu de dòngwù

都来参加/小狐狸的生日派对了，还给它/带来了生日礼物。
dōu lái cānjiā xiǎo húli de shēngrì pàiduì le, hái gěi tā dàilái le shēngrì lǐwù.

해석 숲속 깊은 곳에 한 마리의 교활한 여우가 살았는데, 그는 자신이 원하는 것을 위해 모든 것을 할 수 있어 숲에 사는 다른 작은 동물들과 사이가 좋지 않았다. 모든 동물은 여우가 문제를 일으킬까 봐 멀리멀리 숨었다. 이날은 여우의 생일이었다. 그러나 어떤 동물도 그의 생일 파티에 오지 않았다. 여우는 집에서 매우 외로웠다. 그는 먼 곳을 바라보며 조용히 자신이 예전에 했던 온갖 장난과 나쁜 짓을 생각했다. 그는 마음속으로 죄책감을 느꼈고, 자신이 예전에 한 일들이 정말 지나쳤다고 생각했다. 여우는 돌아서서 방으로 돌아와 펜을 들고 종이에 다음과 같이 썼다. “정말 미안해. 예전에는 내가 잘못했어. 이제부터 꼭 고칠게. 내 생일 파티에 와줄 수 있어?” 여우는 많은 편지를 쓰고 집집마다 다니며 작은 동물들에게 편지를 보냈다. 이윽고 숲속의 모든 동물들이 여우 생일 파티에 왔고, 그들은 여우에게 생일 선물도 가져다 주었다.

실력 다지기 실전 테스트

HSKK 중국어 말하기 시험 준비 시간: 약 2분, 답변 시간: 약 2분

第二部分：第4题，朗读。

为了看日出，我常常早起。那时天还没有大亮，天空还是一片浅蓝，颜色很浅。转眼间天边出现了一道红霞，慢慢地在扩大它的范围，加强它的亮光。我知道太阳要从天边升起来了，便目不转睛地望着那里。果然过了一会儿，在那个地方出现了太阳的小半边脸，红是真红，却没有亮光。太阳像负着重荷似的慢慢地努力上升，到了最后，终于冲破了云霞，完全跳出了海面，颜色红得非常可爱。一刹那间，太阳忽然发出了夺目的亮光，射得人眼睛发痛，它旁边的云片也突然有了光彩。有时太阳走进了云堆中，它的光线却从云层里射下来，直射到水面上。这时候要分辨出哪里是水，哪里是天，倒也不容易，因为我只看见一片灿烂的亮光。

메모

제2부분 | 낭독

06 자주 틀리는 발음과 성조

이것만 공부하자! 자주 틀리는 발음

음원을 듣고 자주 틀리는 발음을 주의하면서 따라 읽어 보세요.

yu / ü 발음

 yu	于是 yúshì 그래서 | 遇到 yùdào 만나다 | 业余 yèyú 여가의 | 汉语 Hànyǔ 중국어 | 教育 jiàoyù 교육 | 给予 jǐyǔ 주다 | 关于 guānyú ~에 관해 | 终于 zhōngyú 결국 | 毫不犹豫 háo bù yóuyù 전혀 주저하지 않다 | 领域 lǐngyù 영역
 ü/u	过滤 guòlǜ 여과하다 | 情侣 qínglǚ 애인 | 顾虑 gùlǜ 염려하다 | 孙女 sūnnǚ 손녀 | 地区 dìqū 지역 | 红绿灯 hónglǜdēng 신호등 | 沮丧 jǔsàng 실망하다 | 谦虚 qiānxū 겸허하다 | 邻居 línjū 이웃 | 曲折 qūzhé 굽다

쉬엔 쌤의 발음 꿀팁1

'ü'는 '위'와 비슷한 소리지만, 둥글게 모은 입술을 옆으로 풀지 않고 그대로 유지하는 것이 중요하다.

예문으로 연습하기

표시된 발음을 주의하면서 따라 읽어 보세요.

1 我去中国学汉语的时候遇到了我韩国的邻居，我知道他住哪个地区以后毫不犹豫地把家搬到了他们小区，于是我们又成了邻居。

나는 중국어를 배우러 갔을 때 한국의 이웃을 만났다. 나는 그가 어느 지역에 사는지 알고 망설임 없이 그 동네로 이사를 가서, 우리는 다시 이웃이 되었다.

2 吕老师总是教育我们做人要谦虚，成功的时候不要骄傲，遇到困难也不要沮丧。

뤼 선생님은 우리에게 항상 겸손하고, 성공했을 때 교만하지 말고, 어려움에 직면했을 때에도 낙담하지 말라고 가르치신다.

yue / üe 발음

MP3 6-3

 yue	越来越 yuèláiyuè 점점 더 | 乐器 yuèqì 악기 | 阅读 yuèdú 읽다 | 月亮 yuèliang 달 | 约会 yuēhuì 약속
 üe/ue	策略 cèlüè 책략 | 侵略 qīnlüè 침략 | 的确 díquè 확실히 | 挖掘 wājué 파다, 캐다 | 角色 juésè 배역

예문으로 연습하기

표시된 발음을 주의하면서 따라 읽어 보세요.

MP3 6-4

1 我姐姐特别喜欢音乐，她会好几种乐器。音乐的确有一种独特的魅力，受姐姐的影响，我也越来越喜欢音乐了。

우리 언니는 음악을 특히 좋아해서 여러 가지 악기를 다룰 줄 안다. 음악은 확실히 독특한 매력이 있어 언니의 영향으로 나도 점점 음악을 좋아하게 되었다.

2 为企业的生存和发展制定明确的营销策略，省略不必要的程序，是摆在企业面前的重大课题。

기업의 생존과 발전을 위해 명확한 마케팅 전략을 수립하고, 불필요한 절차를 생략하는 것이 기업이 직면한 주요 과제이다.

z / zh 발음

杂志 zázhì 잡지 | 总之 zǒngzhī 요컨대 | 组织 zǔzhī 조직 | 阻止 zǔzhǐ 저지하다 | 增长 zēngzhǎng 늘어나다 | 职责 zhízé 직책 | 正宗 zhèngzōng 정통 | 制作 zhìzuò 제작하다 | 著作 zhùzuò 저서 | 栽种 zāizhòng 재배하다 | 招聘 zhāopìn 모집하다 | 值得 zhídé ~할 만하다

'z'와 'zh'는 소리를 내는 혀의 위치가 다르다. 'z'는 혀끝을 치아 뒤쪽에 두어 마찰시켜서 소리를 내고 'zh'는 혀끝을 입천장에 두어 약간 공간을 띄우고 발음해야 정확한 소리가 난다.

예문으로 연습하기

표시된 발음을 주의하면서 따라 읽어 보세요.

1 南京是个值得一去的地方，这次学校组织我们来旅行，我们吃到了正宗的南京菜。可惜我对南京了解得太少，所以现在写的只是一个人的旅行印象。

난징은 한번 가볼 만한 곳인데, 이번에 학교에서 우리를 데리고 여행을 왔다. 우리는 정통 난징 요리도 맛볼 수 있었다. 아쉬운 것은 내가 난징에 대해 아는 것이 너무 적어서, 지금 쓰고 있는 것은 단지 개인의 여행기일 뿐이다.

2 这家杂志社招聘有经验的作家，主要职责是制作新的栏目，编写相关的文章。

이 잡지사는 경험이 있는 작가를 모집하는데, 주요 직책은 새로운 프로젝트를 만들고 관련 글을 작성하는 것이다.

c / ch 발음

MP3 6-7

	辞职 cízhí 사직하다 | 采访 cǎifǎng 인터뷰하다 | 曾经 céngjīng 일찍이 | 惭愧 cánkuì 부끄럽다, 송구스럽다 | 参与 cānyǔ 참여하다
	吵架 chǎojià 말다툼하다 | 惩罚 chéngfá 징벌 | 承担 chéngdān 담당하다 | 称号 chēnghào 칭호 | 池塘 chítáng (비교적 얕은) 못 | 沉默 chénmò 침묵하다

예문으로 연습하기

표시된 발음을 주의하면서 따라 읽어 보세요.

MP3 6-8

1 我和妈妈因为我的成绩问题吵了一架，吵完架后我们都开始沉默，我一方面心里很惭愧，但是另一方面我又不想承认我的错误。

나는 엄마와 내 성적 문제로 말다툼을 했는데, 싸우고 난 후 우리는 모두 침묵하기 시작했다. 나는 한편으로 부끄러웠지만, 또 한편으로는 나의 잘못을 인정하고 싶지 않았다.

2 在日常生活中，人们往往对于承担责任，承认错误怀有恐惧感。因为承认错误承担责任往往与接受惩罚相联系。

일상 생활에서 사람들은 종종 책임을 지고 잘못을 인정하는 것에 두려움을 느낀다. 왜냐하면 잘못을 인정하고 책임을 지는 것은 종종 벌을 받는 것과 연결되기 때문이다.

s / sh 발음

MP3 6-9

	散步 sànbù 산책하다 | 丝绸 sīchóu 비단 | 塑料袋 sùliàodài 비닐봉지 | 孙子 sūnzi 손자 | 撒谎 sāhuǎng 거짓말하다
	发烧 fāshāo 열이 나다 | 故事 gùshi 이야기 | 伤害 shānghài 해치다 | 擅长 shàncháng 장기가 있다, 정통하다 | 属于 shǔyú ~에 속하다

예문으로 연습하기

표시된 발음을 주의하면서 따라 읽어 보세요.

1 这样的故事适合在睡觉前给孩子讲，孩子听着听着就睡着了。
이런 이야기는 자기 전에 아이에게 들려주기 적합한데, 아이는 듣다가 잠이 든다.

2 激烈的运动容易伤害肌肉和膝盖，但是散步属于有氧运动，它适合各个年龄段的人，男女老少都应该多散步。
격렬한 운동은 근육과 무릎을 상하게 하기 쉬운데, 산책은 유산소 운동으로 모든 연령대에게 적합하다. 그러므로 남녀노소 누구나 산책을 많이 해야 한다.

r / l 발음

仍然 réngrán 여전히 | 利润 lìrùn 이윤 | 例如 lìrú 예를 들면 | 打扰 dărăo 방해하다 | 承认 chéngrèn 승인하다 | 让步 ràngbù 양보하다 | 偷懒 tōulăn 게으름피우다 | 临时 línshí 잠시, 때가 되다 | 录取 lùqŭ 채용하다 | 乐观 lèguān 낙관적이다 | 热烈 rèliè 열렬하다 | 混乱 hùnluàn 혼란하다

예문으로 연습하기

표시된 발음을 주의하면서 따라 읽어 보세요.

1 我和他认识很久了，他是一个乐观向上、懂得让步的人，学习的时候从来不偷懒，他身上有很多值得我学习的地方。
나는 그와 오랫동안 알고 지냈는데, 그는 낙천적이고 양보할 줄 아는 사람이며, 공부할 때 게으름을 피운 적이 없다. 이런 그에게 나는 배울 점이 많다.

2 今天是妈妈的生日，但是我临时有事不能去为她庆祝，我觉得很抱歉。
오늘은 엄마의 생신인데, 하지만 내가 잠시 일이 있어서 축하하러 갈 수가 없어 정말 죄송하다.

儿 발음

MP3 6-13

项链儿 xiàngliàr 목걸이 | 玩儿 wár 놀다 | 果汁儿 guǒzhīr 과일 주스 | 干活儿 gànhuór 일을 하다 | 好好儿 hǎohāor 잘 | 儿童 értóng 아동 | 婴儿 yīng'ér 영아 | 幼儿园 yòu'éryuán 유치원 | 儿子 érzi 아들 | 女儿 nǚ'ér 딸

쉬엔 쌤의 발음 꿀팁3

1. '儿'은 얼화 'er'과 온전히 읽어야 할 'er'을 구분하여 읽어야 한다.
2. 'n', 'g', 'ng'로 끝나는 발음 뒤에 'er'이 오면, 'n', 'g', 'ng'를 빼고 운모와 이어서 읽어야 한다.

예문으로 연습하기

표시된 발음을 주의하면서 따라 읽어 보세요.

1 今年儿童节的时候我打算带我女儿去游乐场玩儿。
올해 어린이 날에 나는 딸을 데리고 놀이공원에 가서 놀 계획이다.

2 上班时我喜欢戴上一条项链儿，但是在家干活儿的时候我会把项链儿摘下来。
출근할 때 나는 목걸이를 하는 걸 좋아하는데, 집에서 일할 때는 목걸이를 벗어 둔다.

이것만 공부하자! 자주 틀리는 성조

一 성조

一口气 yìkǒuqì 한 숨 | 一些 yìxiē 약간 | 一般 yìbān 같다, 일반적이다 | 一模一样 yìmú yíyàng 같은 모습이다 | 一辈子 yíbèizi 한평생 | 一切 yíqiè 일체 | 一贯 yíguàn 일관되다, 한 꿰미 | 一致 yízhì 일치하다 | 难得一见 nándé yíjiàn 보기 드물다 | 一举两得 yìjǔ liǎngdé 일거양득 | 第一印象 dì yī yìnxiàng 첫인상 | 一级 yī jí (일)등급 | 一点 yī diǎn 1시

쉬엔 쌤의 발음 꿀팁4

'一'는 제1, 2, 3성 앞에서는 제4성으로, 제4성 앞에서는 제2성으로 읽는다. 하지만 '서수'일 경우 제1성으로 읽기 때문에, 지문에 '一'가 나왔을 때 성조에 유의해야 한다.

예문으로 연습하기

표시된 발음을 주의하면서 따라 읽어 보세요.

1 这种景象难得一见，可能一辈子只能看到一次。
이런 광경은 보기 어려워서, 아마 한평생 한 번 밖에 볼 수 없을 것이다.

2 她们姐妹俩给我的第一印象是——她们简直一模一样。
그 두 자매가 나에게 준 첫인상은, 그녀들은 정말 똑같이 생겼다는 것이다.

不 성조

MP3 6-17

不错 búcuò 맞다 | 不但 búdàn ~뿐만 아니라 | 不够 búgòu 부족하다 | 不必 búbì ~할 필요가 없다 | 不见不散 bújiàn búsàn 만날 때까지 기다리다 | 不至于 bú zhìyú ~에 이르지 못하다 | 不懈 búxiè 게을리하지 않다 | 不见得 bújiàndé 반드시 ~라고는 할 수 없다 | 不在乎 bú zàihu 대수롭지 않게 여기다 | 不要紧 búyàojǐn 괜찮다 | 了不起 liǎobuqǐ 대단하다 | 听不懂 tīng bu dǒng 듣고 이해하지 못하다 | 说不定 shuō bu dìng ~일지도 모른다 | 数不清 shǔ bu qīng 확실히 셀 수 없다

쉬엔 쌤의 발음 꿀팁5

'不'는 제1, 2, 3성 앞에서는 제4성으로, 제4성 앞에서는 제2성으로 읽는다. 또한 가능보어로 쓰일 때, '不'는 경성으로 읽는 점도 주의해야 한다.

예문으로 연습하기

표시된 발음을 주의하면서 따라 읽어 보세요.

1 没得第一名不要紧，能坚持努力就很了不起。

1등을 못 해도 괜찮아, 꾸준히 노력한 것만으로도 대단해.

2 这个报告我虽然听不懂，但是觉得好像很不错。

이 보고를 내가 비록 알아듣지 못했지만, 그러나 아주 좋은 것 같다.

핵심만 공략하자! 기출 예제로 유형 파악하기

제시된 글을 보고 낭독하세요. (준비 시간 2분, 낭독 2분)

清晨，湖边宁静而祥和，猴子们开心地玩儿着。湖中突然发出了“咕咚”一声，奇怪的声音把猴子们吓坏了，“快跑！咕咚来了！”猴子们转身就跑。别的动物们听说 “咕咚”来了，也都紧张起来，跟着猴子跑了起来。于是跟着猴子跑的动物越来越多，“咕咚”也被传得越来越可怕。路边的青蛙感到很吃惊，它拦住了这群吓坏了的动物们，问它们出了什么事。大家七嘴八舌地形容“咕咚”是个多么可怕的怪物。青蛙听后就问：“你们亲眼看见“咕咚”了吗？”大家你看看我，我看看你，结果谁也没有亲眼看见过。最后大家决定回去一探究竟。到了湖边，它们又听见“咕咚”一声，仔细一看，原来是树上的果子掉进水里发出的声音，动物们想起自己荒唐的举动，不禁哈哈大笑起来。

음원을 듣고, 강세와 끊어 읽기 표시를 유의하여 큰 소리로 따라 연습하세요. 

清晨，湖边/宁静而祥和，猴子们/开心地玩儿着。
Qīngchén, húbiān níngjìng ér xiánghé, hóuzimen kāixīn de wánrzhe.

湖中/突然发出了 “咕咚”一声，奇怪的声音/把猴子们/吓坏了，
Húzhōng tūrán fāchū le “gūdōng” yì shēng, qíguài de shēngyīn bǎ hóuzimen xiàhuài le,

“快跑！咕咚来了！”猴子们/转身就跑。别的动物们/听说“咕咚”来了，也都紧张起来，
“Kuài pǎo! gūdōng lái le!” hóuzimen zhuǎnshēn jiù pǎo. Biéde dòngwùmen tīngshuō “gūdōng” lái le, yě dōu jǐnzhāng qǐlai,

跟着猴子/跑了起来。于是/跟着猴子跑的动物/越来越多，
gēnzhe hóuzi pǎo le qǐlai. Yúshì gēnzhe hóuzi pǎo de dòngwù yuèláiyuè duō,

"咕咚"也被传得/越来越可怕。路边的青蛙/感到很吃惊，
"gūdōng" yě bèi chuán de yuèláiyuè kěpà. Lùbiān de qīngwā gǎndào hěn chījīng,

它拦住了/这群吓坏了的动物们，问它们/出了什么事。
tā lánzhù le zhè qún xiàhuài le de dòngwùmen, wèn tāmen chū le shénme shì.

大家七嘴八舌地形容 /"咕咚"是个多么可怕的怪物。青蛙听后就问：
Dàjiā qīzuǐ bāshé de xíngróng "gūdōng" shì ge duōme kěpà de guàiwù. Qīngwā tīng hòu jiù wèn:

"你们亲眼看见 "咕咚"了吗？"大家/你看看我，我看看你，
"Nǐmen qīnyǎn kànjiàn "gūdōng" le ma?" Dàjiā nǐ kànkan wǒ, wǒ kànkan nǐ,

结果/谁也没有亲眼看见过。最后/大家决定回去/一探究竟。到了湖边，
jiéguǒ shuí yě méiyǒu qīnyǎn kànjiàn guo. Zuìhòu dàjiā juédìng huíqu yí tàn jiūjìng. Dào le húbiān,

它们又听见/ "咕咚"一声，仔细一看，原来是/树上的果子/掉进水里/
tāmen yòu tīngjiàn "gūdōng" yì shēng, zǐxì yí kàn, yuánlái shì shùshang de guǒzi diàojìn shuǐ lǐ

发出的声音，动物们/想起自己荒唐的举动，不禁/哈哈大笑起来。
fāchū de shēngyīn, dòngwùmen xiǎngqǐ zìjǐ huāngtáng de jǔdòng, bújìn hāhā dàxiào qǐlai.

해석 이른 아침, 호숫가는 조용하고 평화로웠고, 원숭이들은 즐겁게 놀았다. 호수에서 갑자기 '쿵'하는 소리가 났고, 이상한 소리가 원숭이들을 놀라게 했다. '빨리 뛰어! 쿵이 왔어!' 원숭이들은 몸을 돌려 달아났다. 다른 동물들도 '쿵'이 왔다는 말에 긴장해서 원숭이를 따라 뛰었다. 그러자 원숭이를 따라 뛰는 동물들이 점점 많아졌고, '쿵'에 대한 소문도 퍼질수록 무서워졌다. 길가의 개구리는 깜짝 놀라 겁에 질린 동물들을 가로막고 무슨 일이 생겼는지 물었다. 모두들 '쿵'이 얼마나 무서운 괴물인지에 대해 이러쿵저러쿵 설명했다. 그러자 개구리는 "여러분 모두 직접 '쿵'을 봤나요?"라고 물었다. 모두들 서로를 보았지만 아무도 직접 본 적이 없었다. 결국 모두 돌아가서 어떻게 된 일인지 알아보기로 결정했다. 호숫가에 이르자 다시 '쿵'하는 소리가 들렸고, 자세히 보니 나무의 열매가 물에 떨어지면서 나는 소리였다. 동물들은 자신의 황당한 행동을 떠올리며 참지 못하고 깔깔 웃었다.

실력 다지기 실전 테스트

HSKK 중국어 말하기 시험 준비 시간: 약 2분, 답변 시간: 약 2분

第二部分：第4题，朗读。

有人说："凡事要往好处想。"我却觉得需要将这个观点改成 "好事要往坏处想，坏事要往好处想"。比如一个人中了彩票的大奖，这是天大的好事，但要冷静考虑这笔钱应该如何使用。如果是大吃大喝，胡花乱花的话，不久便会把这笔钱花光，还会给以后的人生带来坏的影响。这是好事没有往坏处想，结果就将好事变成了坏事。反过来，只看到事物坏的一面，总是感到前途无望，那就没有把坏事变成好事的勇气和动力，就永远不能解决问题，只能原地踏步。总之，"好事要往坏处想，坏事要往好处想"，这要比"凡事都往好处想"来得客观，这样既看到了光明的一面，又看到了隐藏的危险，可以让我们永远保持良好的心态。

메모

제2부분 | 낭독

07 자주 틀리는 다음자1

이것만 공부하자! 자주 틀리는 다음자1

/ 끊어 읽기 ■ 강세

음원을 듣고 자주 틀리는 다음자를 주의하면서 따라 읽어 보세요.

1

挨
- āi: 挨个 āigè 하나씩 | 挨近 āijìn 접근하다 | 挨家挨户 āi jiā āi hù 집집마다
- ái: 挨打 ái dǎ 매 맞다 | 挨说 ái shuō 핀잔맞다 | 挨批 ái pī 비판을 받다

예시 三个孩子/挨个挨了/一顿打。 세 아이가 차례로 얻어 맞았다.

2

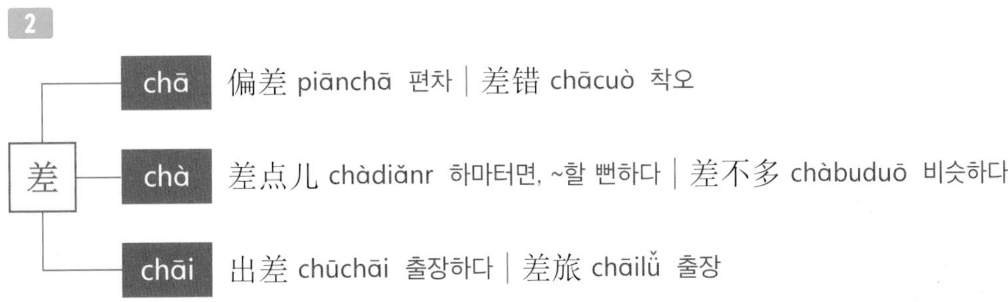

예시 他每次出差/差不多都要/出点差错。 그는 매번 출장을 갈 때마다 거의 실수를 한다.

3

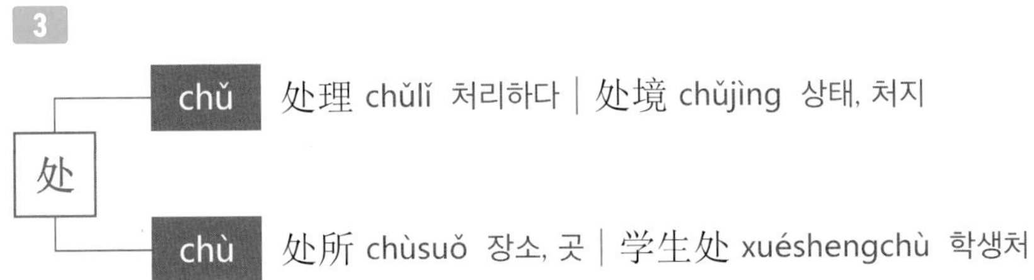

예시 学生处/不是处理/这件事的地方。 학생처는 이 일을 처리하는 곳이 아니다.

4

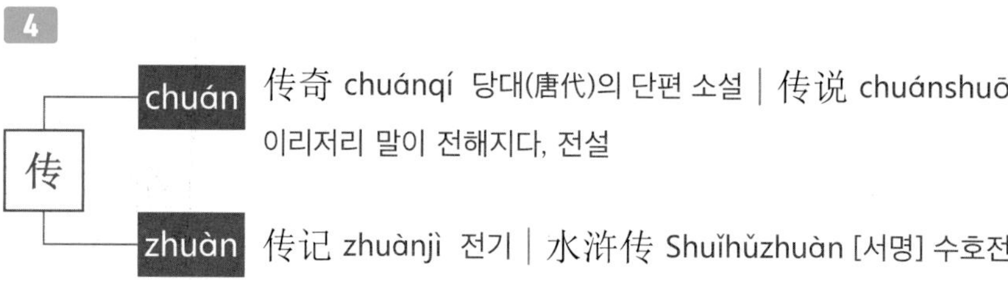

예시 《鸿门宴》/是汉代传记/而不是/唐代传奇。

<홍문연>은 당나라의 전설이 아니라 한나라의 전기이다.

5

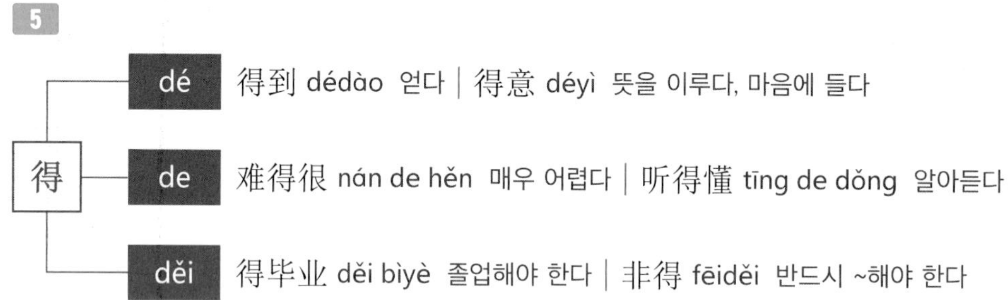

得
dé
得到 dédào 얻다 | 得意 déyì 뜻을 이루다, 마음에 들다
de
难得很 nán de hěn 매우 어렵다 | 听得懂 tīng de dǒng 알아듣다
děi
得毕业 děi bìyè 졸업해야 한다 | 非得 fēiděi 반드시 ~해야 한다

예시 现在找工作/难得很，要想得到/一份好工作就得/好好学习。

지금 취업하는 것이 매우 어렵기 때문에, 좋은 직장을 얻으려면 열심히 공부해야 한다.

6

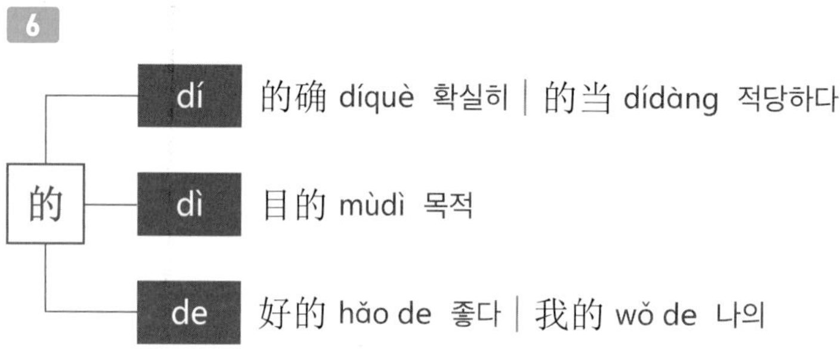

예시 我的确/达到/我的目的了。 나는 확실히 내 목적을 달성했다.

7

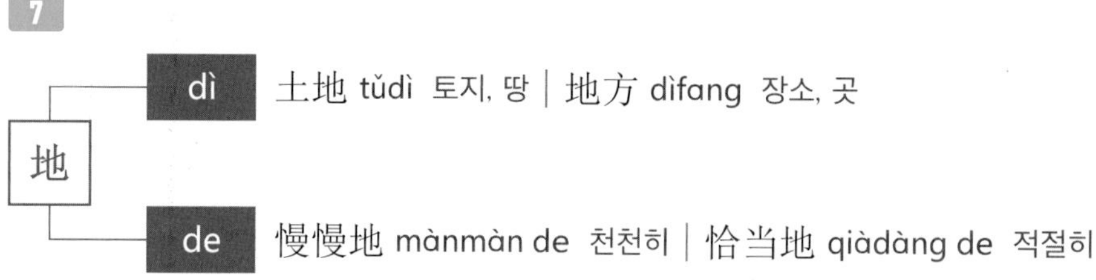

예시 我对这个地方/慢慢地熟悉了。 나는 이곳에 대해 서서히 익숙해졌다.

8

都
- dōu 全都 quándōu 모두, 전부 | 都来了 dōu lái le 다 왔다
- dū 都市 dūshì 도시 | 首都 shǒudū 수도

예시 大都市/什么东西都有。 대도시에는 모든 것이 다 있다.

9

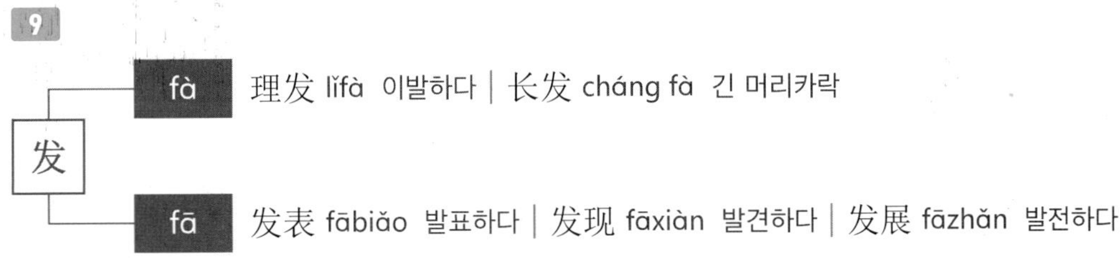

发
fà
理发 lǐfà 이발하다 | 长发 cháng fà 긴 머리카락
fā
发表 fābiǎo 발표하다 | 发现 fāxiàn 발견하다 | 发展 fāzhǎn 발전하다

예시 我发现/我的头发长了。 나는 내 머리카락이 자란 것을 발견했다.

10

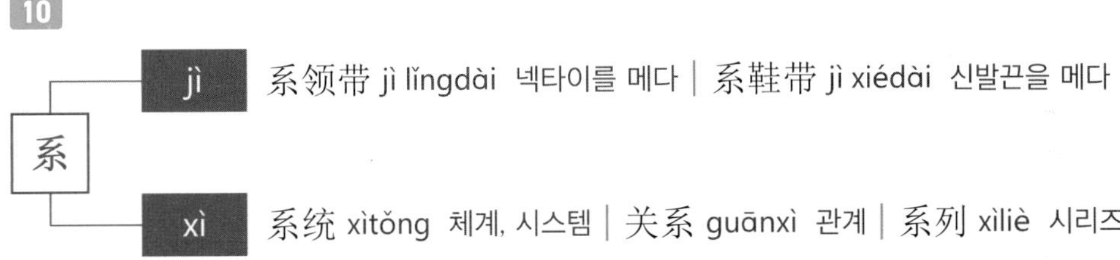

예시 这几本书是/一个系列的，我把它们/系在一起了。
이 책들은 하나의 시리즈라서, 내가 그것들을 한데 묶었다.

11

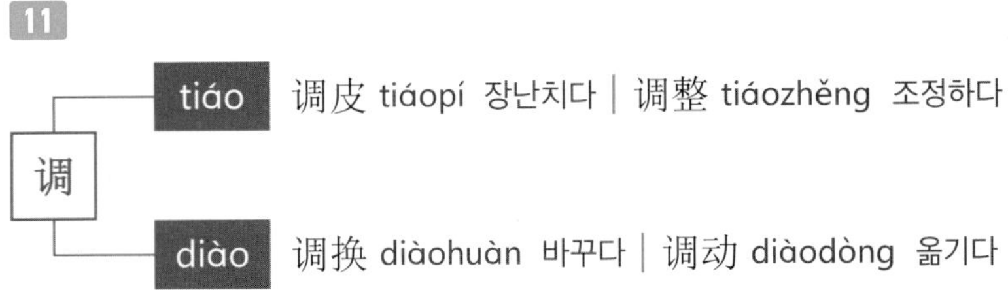

调
tiáo
调皮 tiáopí 장난치다 | 调整 tiáozhěng 조정하다
diào
调换 diàohuàn 바꾸다 | 调动 diàodòng 옮기다

예시 公司进行了/调整，很多员工的工作/都调换了。
회사에서 구조 조정을 진행하여, 많은 직원들의 업무가 모두 바뀌었다.

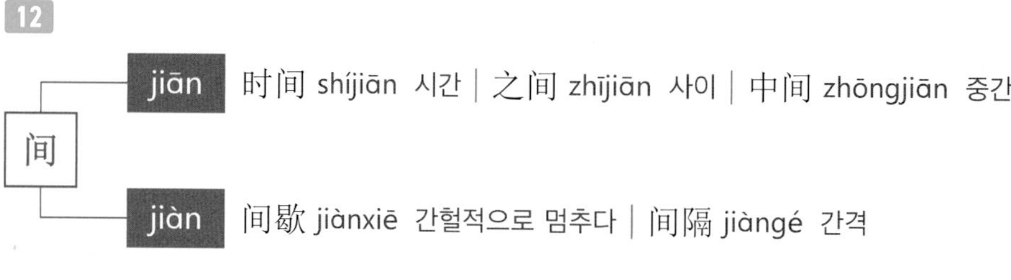

예시 两个桌子中间/间隔一米。 두 테이블 사이의 간격은 1미터이다.

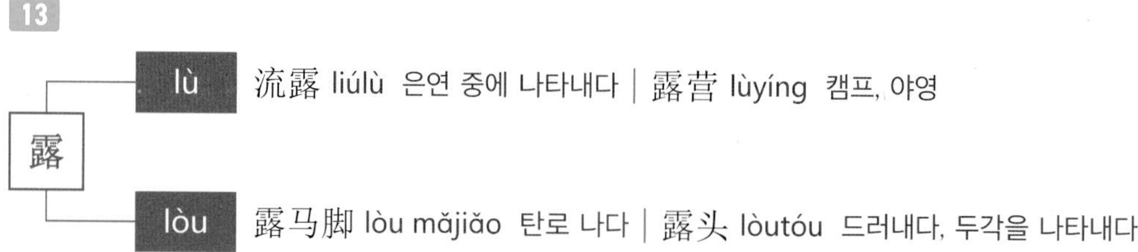

13
露
lù
流露 liúlù 은연 중에 나타내다 | 露营 lùyíng 캠프, 야영
lòu
露马脚 lòu mǎjiǎo 탄로 나다 | 露头 lòutóu 드러내다, 두각을 나타내다

예시 他这个人/从来不露头，这次露营/却比谁/都积极。
그 사람은 여태 나오지 않았는데, 이번 야영은 오히려 누구보다 적극적이다.

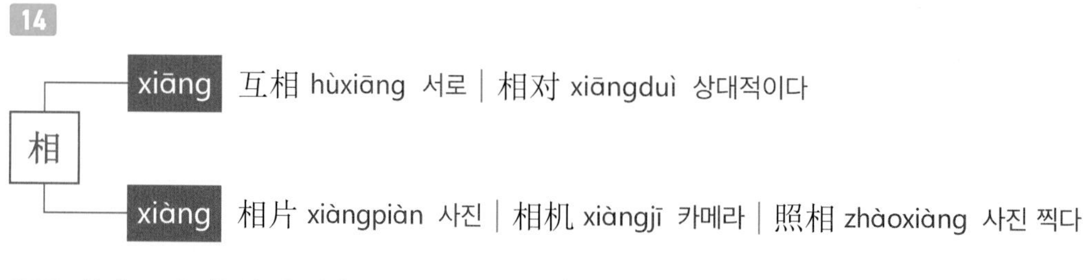

14
相
xiāng
互相 hùxiāng 서로 | 相对 xiāngduì 상대적이다
xiàng
相片 xiàngpiàn 사진 | 相机 xiàngjī 카메라 | 照相 zhàoxiàng 사진 찍다

예시 他们互相/用相机/给对方照相。 그들은 서로 카메라로 상대방의 사진을 찍었다.

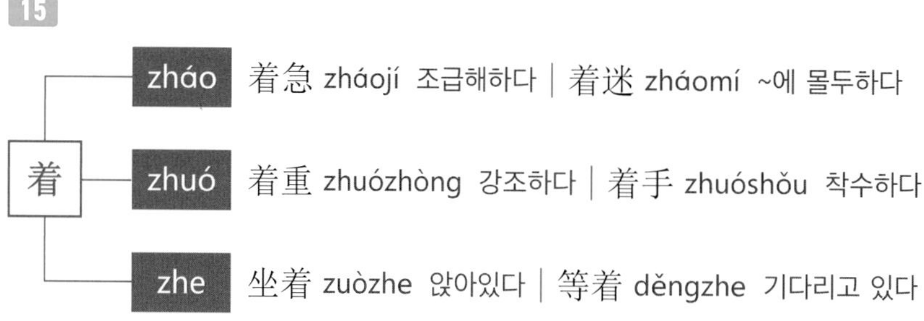

15
着
zháo
着急 zháojí 조급해하다 | 着迷 zháomí ~에 몰두하다
zhuó
着重 zhuózhòng 강조하다 | 着手 zhuóshǒu 착수하다
zhe
坐着 zuòzhe 앉아있다 | 等着 děngzhe 기다리고 있다

예시 别着急，这件事/已经开始着手/处理了，你就静心/等着吧。
조급해 하지 마, 이 일은 이미 착수하여 처리하고 있으니, 마음을 가라앉히고 기다려.

16

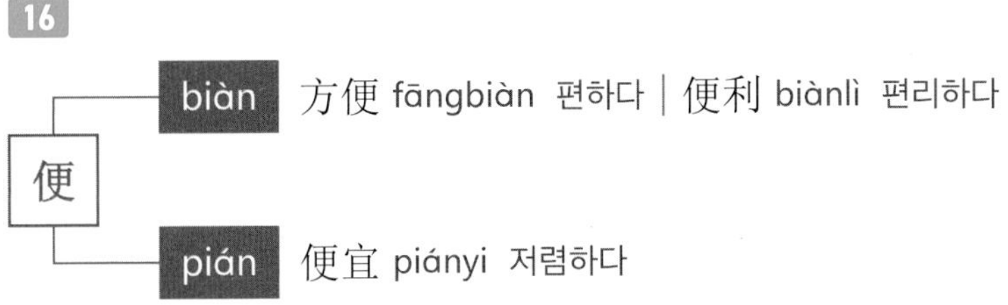

예시 便利店卖的东西/不便宜。 편의점에서 파는 것은 저렴하지 않다.

17

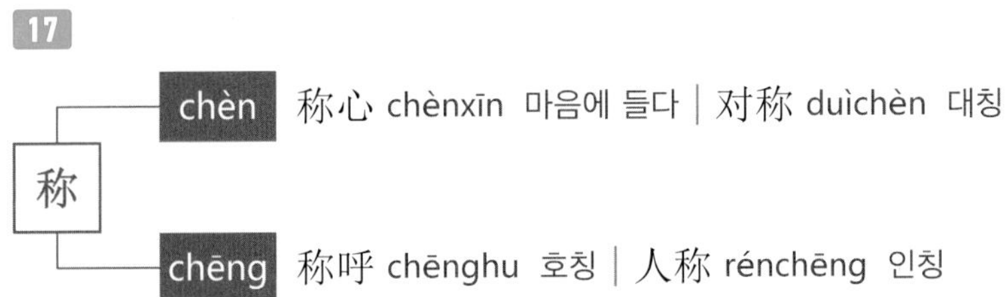

称
chèn
称心 chènxīn 마음에 들다 | 对称 duìchèn 대칭
chēng
称呼 chēnghu 호칭 | 人称 rénchēng 인칭

예시 他终于找到了/称心的对象，他们彼此称呼/对方“宝宝”。
그는 마침내 마음에 드는 상대를 찾았는데, 그들은 서로를 '아기'라고 불렀다.

18

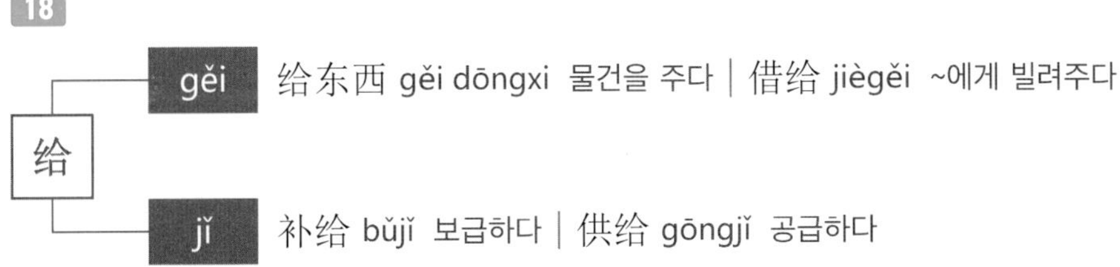

给
gěi
给东西 gěi dōngxi 물건을 주다 | 借给 jiègěi ~에게 빌려주다
jǐ
补给 bǔjǐ 보급하다 | 供给 gōngjǐ 공급하다

예시 这个月/单位给员工/供给的物资/不太多。
이번 달에는 회사에서 직원에게 공급하는 것이 많지 않다.

19

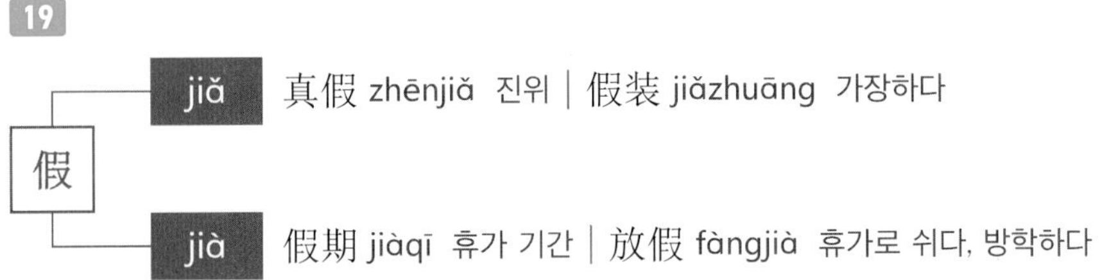

假
jiǎ
真假 zhēnjiǎ 진위 | 假装 jiǎzhuāng 가장하다
jià
假期 jiàqī 휴가 기간 | 放假 fàngjià 휴가로 쉬다, 방학하다

예시 这次放假/我只想呆在家里，朋友叫我/出去玩儿的时候，我每次都/假装生病。
이번 방학에 나는 그냥 집에만 있고 싶어서, 친구가 놀러 가자고 할 때마다 매번 아픈 척을 했다.

20

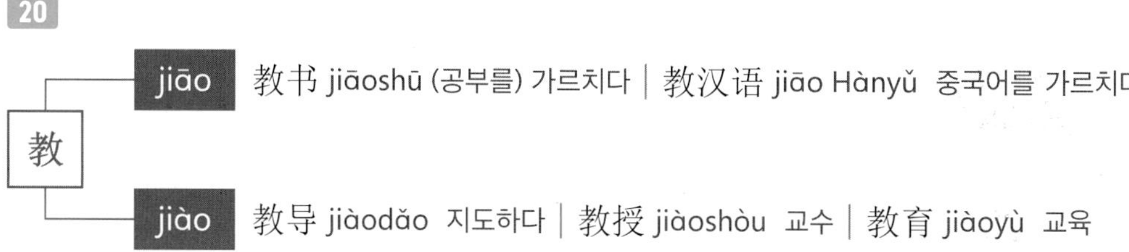

예시 老师/不但要教学生/学习，还要教育学生/做一个正直的人。
선생님은 학생들에게 공부를 가르칠 뿐만 아니라, 정직한 사람이 되도록 교육해야 한다.

21

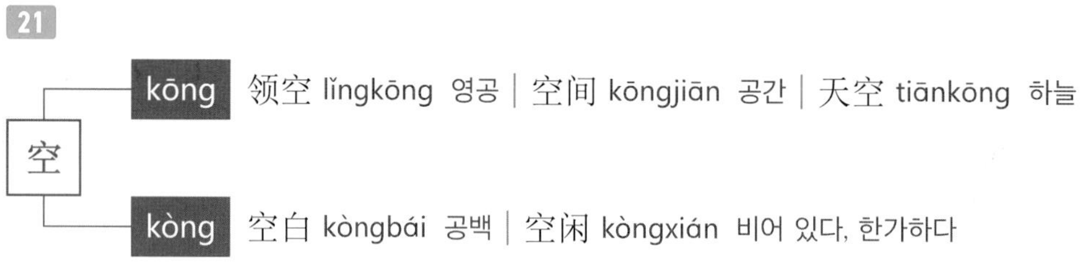

空
kōng
领空 lǐngkōng 영공 | 空间 kōngjiān 공간 | 天空 tiānkōng 하늘
kòng
空白 kòngbái 공백 | 空闲 kòngxián 비어 있다, 한가하다

예시 看到/空空的教室，我的脑子里/一片空白。 텅 빈 교실을 보니 머릿속이 하얘졌다.

22

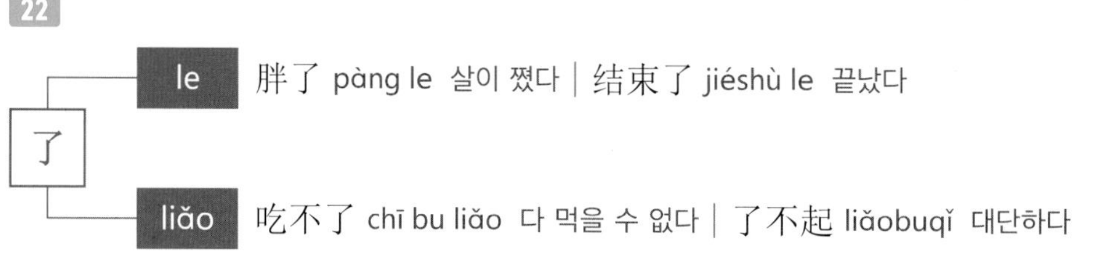

예시 我已经吃得/太多了，实在/吃不了了。 나는 이미 너무 많이 먹어서, 더는 못 먹겠다.

23

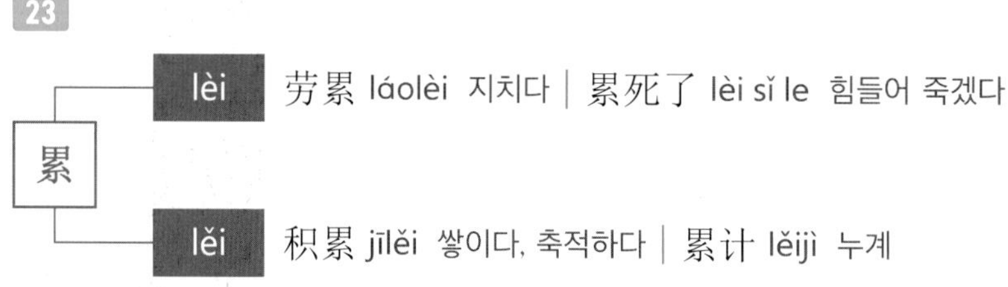

累
lèi
劳累 láolèi 지치다 | 累死了 lèi sǐ le 힘들어 죽겠다
lěi
积累 jīlěi 쌓이다, 축적하다 | 累计 lěijì 누계

예시 学习再累/也要坚持，积累的知识多了/就轻松了。
공부가 아무리 힘들어도 꾸준히 해야 하는데, 쌓은 지식이 많아지면 수월해진다.

24

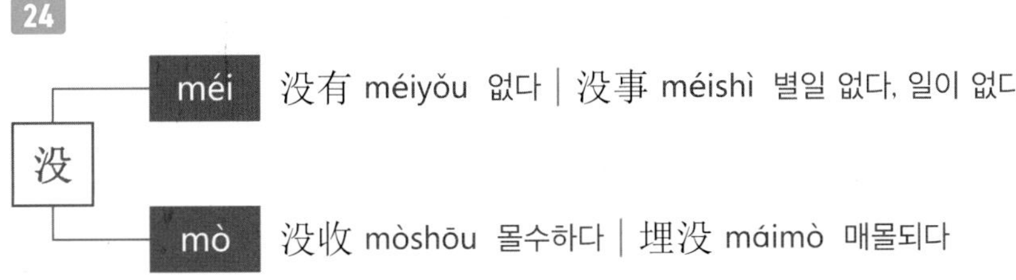

예시 驾车违章，证件/被交警没收了，他仍像/没事一样。

교통법규 위반으로 면허증이 교통 경찰에게 압수되었는데, 그는 여전히 아무 일도 없는 듯했다.

25

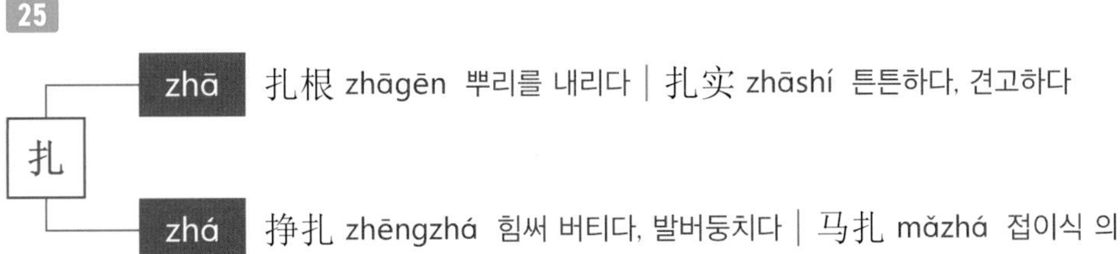

扎
zhā
扎根 zhāgēn 뿌리를 내리다 | 扎实 zhāshí 튼튼하다, 견고하다
zhá
挣扎 zhēngzhá 힘써 버티다, 발버둥치다 | 马扎 mǎzhá 접이식 의자

예시 与其/在痛苦中挣扎，不如/扎扎实实地工作。

고통 속에서 허덕이기보다는 착실하게 일하는 것이 낫다.

핵심만 공략하자! 기출 예제로 유형 파악하기

제시된 글을 보고 낭독하세요. (준비 시간 2분, 낭독 2분)

微笑是对生活的一种态度，跟贫富、地位、处境没有必然的联系。一个富翁可能整天烦恼忧愁，而一个穷人却可能心情舒畅。只有心里有阳光的人，才能感受到现实的阳光，如果连自己都苦着脸，那生活如何美好？生活始终是一面镜子，当我们哭泣时，生活在哭泣；当我们微笑时，生活也在微笑。微笑是对他人的尊重，同时也是对生活的尊重。微笑是有“回报”的，人际关系就像物理学上所说的力的平衡，你怎么对别人，别人就会怎样对你，你对别人的微笑越多，别人对你的微笑也会越多。微笑是朋友间最好的语言，一个自然流露的微笑，胜过千言万语，无论是初次见面，还是相识已久，微笑都能拉近人与人之间的距离，令彼此倍感温暖。

음원을 듣고, 강세와 끊어 읽기 표시를 유의하여 큰 소리로 따라 연습하세요. 

微笑/是对生活的/一种态度，跟贫富、地位、处境/没有必然的联系。
Wēixiào shì duì shēnghuó de yì zhǒng tàidù, gēn pínfù、dìwèi、chǔjìng méiyǒu bìrán de liánxì.

一个富翁/可能整天/烦恼忧愁，而一个穷人/却可能心情舒畅。
Yí ge fùwēng kěnéng zhěngtiān fánnǎo yōuchóu, ér yí ge qióngrén què kěnéng xīnqíng shūchàng.

只有/心里有阳光的人，才能感受到/现实的阳光，如果/连自己都苦着脸，那/生活如何美好？
Zhǐyǒu xīnlǐ yǒu yángguāng de rén, cáinéng gǎnshòudào xiànshí de yángguāng, rúguǒ lián zìjǐ dōu kǔzhe liǎn, nà shēnghuó rúhé měihǎo?

生活/始终是一面镜子，当我们哭泣时，生活/在哭泣；当我们微笑时，生活/也在微笑。
Shēnghuó shǐzhōng shì yí miàn jìngzi, dāng wǒmen kūqì shí, shēnghuó zài kūqì; dāng wǒmen wēixiào shí, shēnghuó yě zài wēixiào.

微笑/是对他人的尊重，同时也是/对生活的尊重。
Wēixiào shì duì tārén de zūnzhòng, tóngshí yě shì duì shēnghuó de zūnzhòng.

微笑/是有“回报”的，人际关系/就像物理学上所说的/
Wēixiào shì yǒu “huíbào” de, rénjì guānxì jiù xiàng wùlǐxué shàng suǒ shuō de

力的平衡，你 / 怎么对别人，别人 / 就会怎样对你，你对别人的微笑 / 越多，别人对你的微笑 / 也会越多。
lì de pínghéng, nǐ zěnme duì biérén, biérén jiù huì zěnyàng duì nǐ, nǐ duì biérén de wēixiào yuè duō, biérén duì nǐ de wēixiào yě huì yuè duō.

微笑/是朋友间/最好的语言，一个自然流露的微笑，
Wēixiào shì péngyou jiān zuìhǎo de yǔyán, yí ge zìrán liúlù de wēixiào,

胜过/千言万语，无论/是初次见面，还是相识已久，
shèngguò qiānyán wànyǔ, wúlùn shì chūcì jiànmiàn, háishi xiāngshí yǐjiǔ,

微笑/都能拉近人与人之间的距离，令彼此/倍感温暖。
wēixiào dōu néng lājìn rén yǔ rén zhījiān de jùlí, lìng bǐcǐ bèigǎn wēnnuǎn.

해석 미소는 삶에 대한 태도이며 빈부, 지위, 처지와 필연적인 관련이 없다. 어떤 부자는 하루 종일 근심하고 괴로울 수 있지만 어떤 가난한 사람은 마음이 아주 편할 수도 있다. 마음속에 햇살이 있는 사람만이 현실에서 햇살을 느낄 수 있다. 만약 스스로 얼굴을 찌푸리고 있다면, 어떻게 삶이 아름다울 수 있겠는가? 삶은 늘 하나의 거울과도 같다. 우리가 울 때 삶도 울고, 우리가 웃을 때 삶도 비로소 웃는다. 미소는 타인에 대한 존중인 동시에 삶에 대한 존중이다. 미소는 '보상'이 있다. 인간관계는 물리학에서 말하는 힘의 균형과도 같은데, 당신이 다른 사람을 어떻게 대하느냐에 따라 다른 사람도 당신을 똑같이 대한다. 당신이 다른 사람에게 많이 웃을수록, 다른 사람도 당신에게 더 많은 미소를 지을 것이다. 미소는 친구 사이의 가장 좋은 언어이다. 천 마디 말보다 자연스럽게 드러나는 미소가 더 힘이 있다. 처음 만나든 아니면 오래 만났든 간에 미소는 사람들 사이의 거리를 좁혀주고 서로를 배로 따뜻하게 만들어 준다.

실력 다지기 실전 테스트

HSKK 중국어 말하기 시험 준비 시간: 약 2분, 답변 시간: 약 2분

第二部分：第4题，朗读。

人们一般会有一种投机的心理，我们把它称为“中彩票”的心理，这种渴望一夜暴富的心理，对成功是没有好处的。我们生活在一个充满竞争的社会中，要想在竞争中立于不败之地，必须有真才实学，而不是靠投机取巧。做演员的“台上一分钟，台下十年功”，做教师的“要给学生一碗水，自己就需要有一桶水”。 也就是说，做演员的，如果没有扎实的基本功，那么你就无法给观众带来精彩的表演；做教师的，如果没有长期的积累，那么你就无法赢得学生的尊重。 我们都渴望成功，可是，成功其实是没有什么特别方法的。千里之行，始于足下。要想成功，就需要平时一点一滴的积累；要想成功，就需要不断地努力。

메모

제2부분 | 낭독

08 자주 틀리는 다음자2

이것만 공부하자! 자주 틀리는 다음자2

/ 끊어 읽기 ■ 강세

음원을 듣고 자주 틀리는 다음자를 주의하면서 따라 읽어 보세요.

1

背
- bēi: 背包 bēibāo 백팩 | 背枪 bēiqiāng 총을 메다
- bèi: 后背 hòubèi 등 | 背叛 bèipàn 배신하다

예시 他的后背/背着一个包。 그는 등에 가방을 메고 있다.

2

藏
- cáng: 矿藏 kuàngcáng 지하자원 | 藏书 cángshū 장서 | 躲藏 duǒcáng 숨다
- zàng: 宝藏 bǎozàng 수장하고 있는 보물 | 西藏 Xīzàng 티베트

예시 矿藏/可以说是/一种宝藏。 광물 자원은 일종의 보물이라고 할 수 있다.

3

答
- dá: 回答 huídá 대답하다 | 报答 bàodá 보답하다 | 答复 dáfù 회답
- dā: 答理 dāli 응대하다 | 答应 dāying 승낙하다

예시 爸爸/给我的答复是/他不能答应我/这件事。
아빠가 나에게 주신 대답은 이 일을 승낙할 수 없다는 것이다.

4

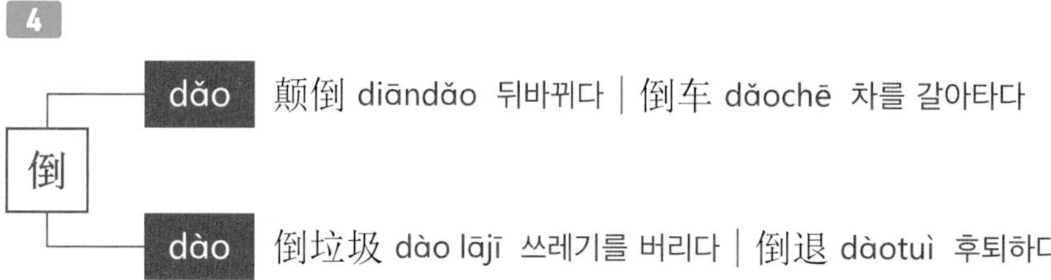

예시 颠倒是非的结果/只能让我们/越来越倒退。
옳고 그름을 뒤바꾼 결과는 우리를 점점 퇴보하게 할 뿐이다.

5

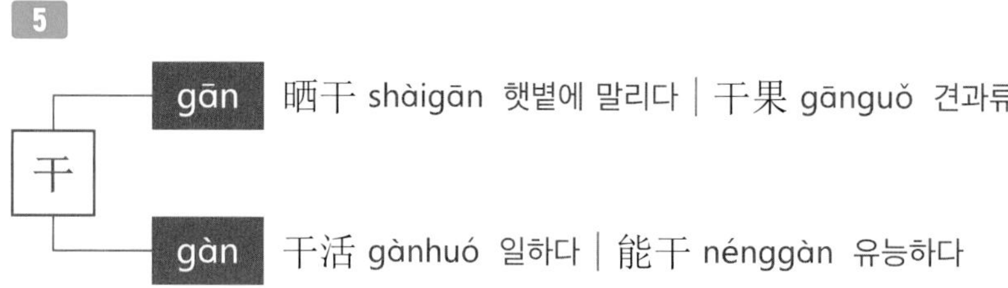

예시 穿着干净的衣服/干脏活，真有点/不协调。
깨끗한 옷을 입고 궂은 일을 하는 것은 정말 어울리지 않는다.

6

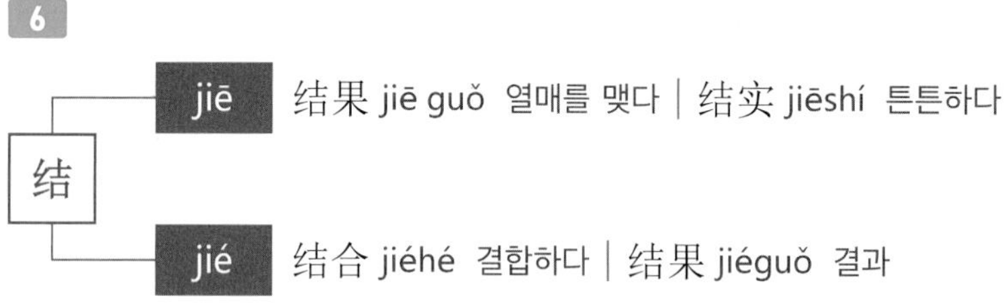

结
jiē
结果 jiē guǒ 열매를 맺다 | 结实 jiēshí 튼튼하다
jié
结合 jiéhé 결합하다 | 结果 jiéguǒ 결과

예시 结果今年的苹果树/还是没结果。 결국 올해 사과 나무는 열매를 맺지 못했다.

7

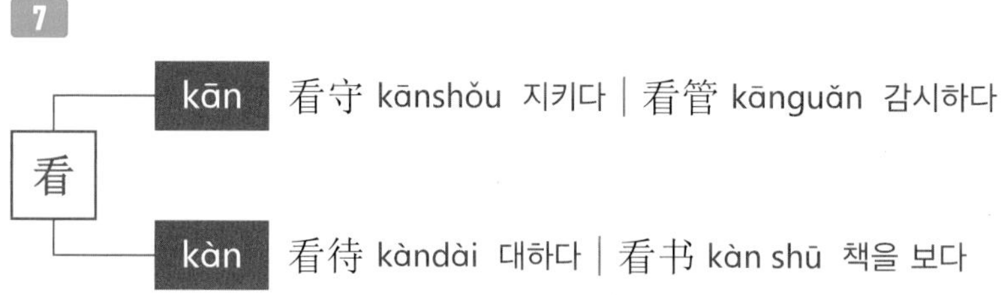

예시 阿姨一边看书/一边看孩子。 아주머니는 책을 보면서 아이를 돌보고 있다.

8

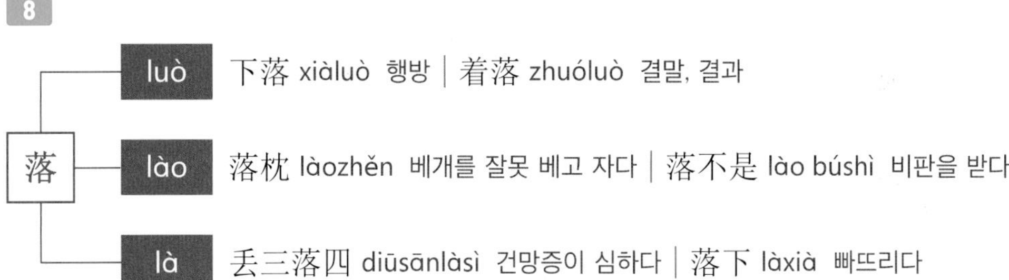

落
luò 下落 xiàluò 행방 | 着落 zhuóluò 결말, 결과
lào 落枕 làozhěn 베개를 잘못 베고 자다 | 落不是 lào búshì 비판을 받다
là 丢三落四 diūsānlàsì 건망증이 심하다 | 落下 làxià 빠뜨리다

예시 我总是/丢三落四的，昨天好像/把手机/落在饭店了，然后就/下落不明了。

나는 자주 깜빡깜빡 잃어버리는데, 어제 휴대 전화를 식당에 두고 온 것인지 그리고 나서 없어졌다.

9

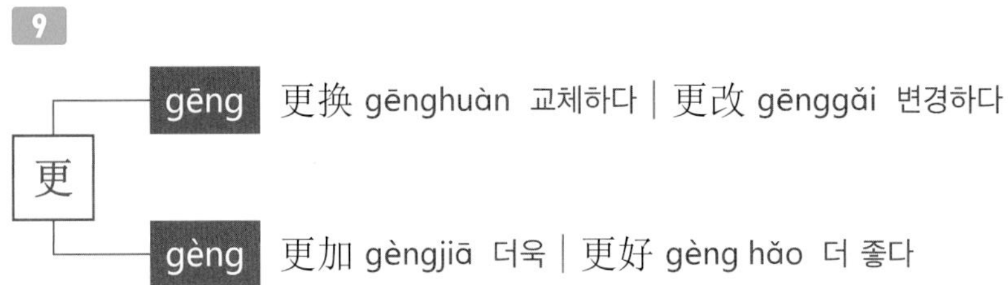

更
gēng 更换 gēnghuàn 교체하다 | 更改 gēnggǎi 변경하다
gèng 更加 gèngjiā 더욱 | 更好 gèng hǎo 더 좋다

예시 这篇文章/更换了题目以后/显得更好了。 이 글은 제목을 바꾼 후에 더 좋아 보인다.

10

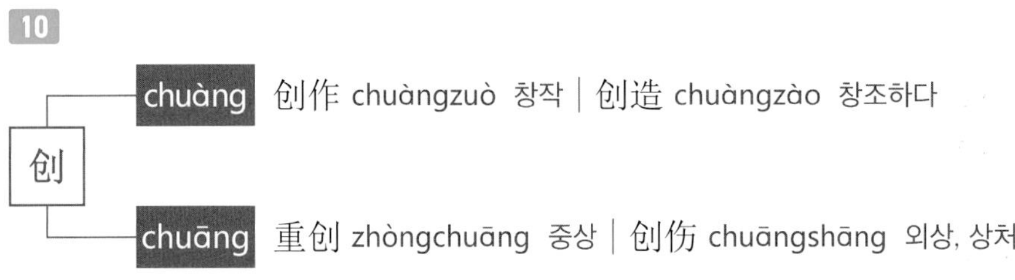

예시 勇于创造的人/难免会遭受创伤。 용감하게 개척하는 사람은 상처 입기 마련이다.

11

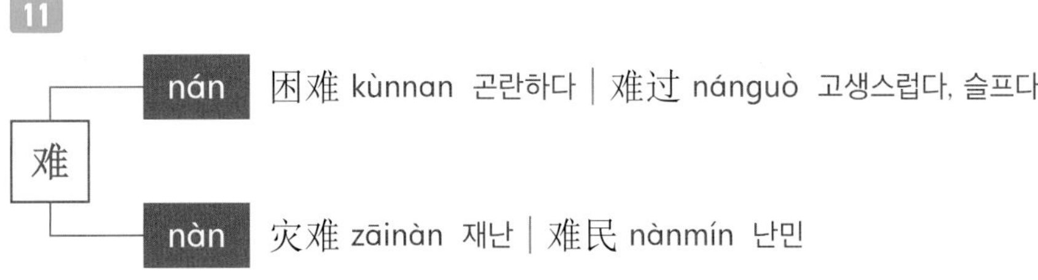

难
nán 困难 kùnnan 곤란하다 | 难过 nánguò 고생스럽다, 슬프다
nàn 灾难 zāinàn 재난 | 难民 nànmín 난민

예시 灾难过后，我们要/坚强地解决/困难。

재난이 지난 후, 우리는 굳건히 어려움을 해결해내야 한다.

12

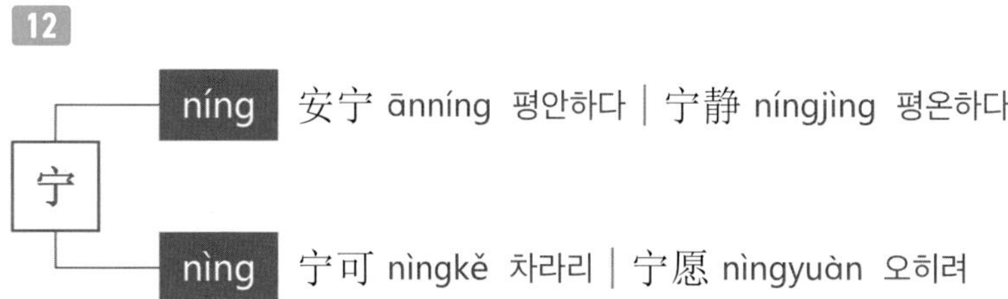

安宁 ānníng 평안하다 | 宁静 níngjìng 평온하다

宁可 nìngkě 차라리 | 宁愿 nìngyuàn 오히려

예시 尽管/他的生活/一直没宁静过，但/他宁可这样，也不委曲求全。
비록 그의 생활이 줄곧 평온한 적이 없었지만, 이럴지언정 자신의 의견을 굽혀 일을 성사시키려고 하지 않았다.

13

坚强 jiānqiáng 굳세다 | 强势 qiángshì 강세

勉强 miǎnqiǎng 억지로, 간신히 | 强迫 qiǎngpò 강요하다

倔强 juéjiàng 고집이 세다

예시 她是个/坚强而倔强的/女孩，从来不勉强自己/做不喜欢的事情。
그녀는 강인하고 고집이 있는 사람이라, 여태껏 싫은 일을 억지로 한 적이 없다.

14

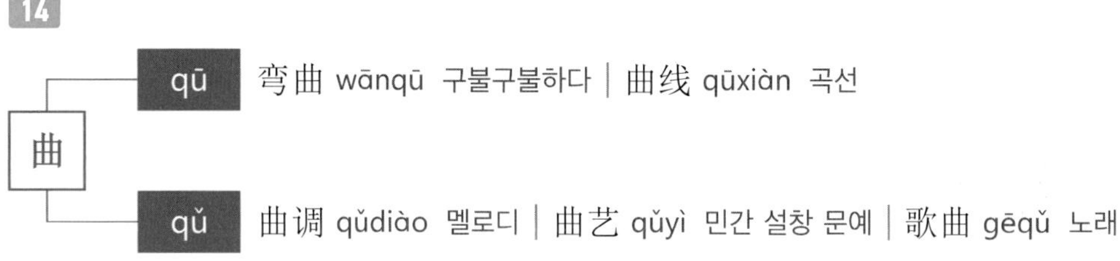

弯曲 wānqū 구불구불하다 | 曲线 qūxiàn 곡선

曲调 qǔdiào 멜로디 | 曲艺 qǔyì 민간 설창 문예 | 歌曲 gēqǔ 노래

예시 她走在/弯弯曲曲的山间小路上，听到/远处传来了/一首动听的歌曲。
그녀는 구불구불한 산길을 걷고 있는데, 멀리서 아름다운 노래가 들려왔다.

15

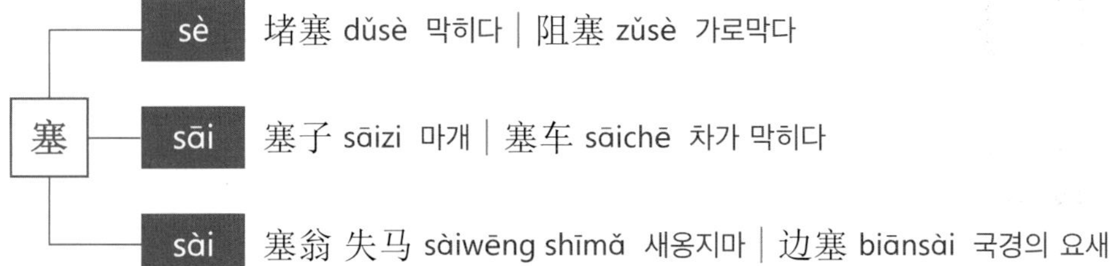

塞
sè 堵塞 dǔsè 막히다 | 阻塞 zǔsè 가로막다
sāi 塞子 sāizi 마개 | 塞车 sāichē 차가 막히다
sài 塞翁失马 sàiwēng shīmǎ 새옹지마 | 边塞 biānsài 국경의 요새

예시 上下班高峰期/交通堵塞现象/严重，利用大众交通工具/可以有效地缓解/塞车的问题。

출퇴근 시간에 교통 체증이 심각하여, 대중교통을 이용하면 교통 체증 문제를 효과적으로 완화할 수 있다.

16

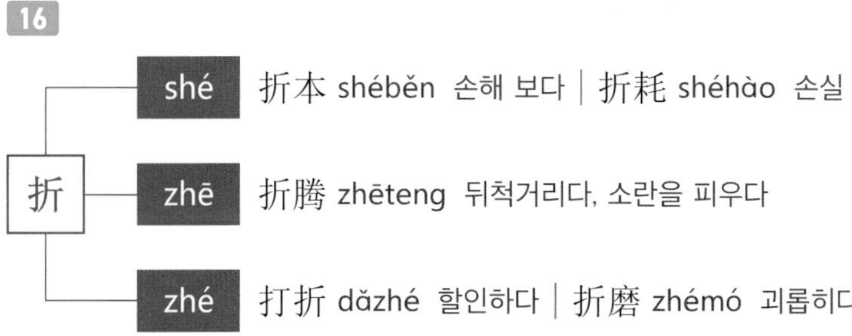

예시 这批货/都打折出售，严重/折本，他这样折腾了一年/也没赚到钱。

이 물건들은 모두 할인 판매하여 심각하게 손해를 봤고, 그는 1년 동안 이렇게 고생했지만 돈을 벌지 못했다.

17

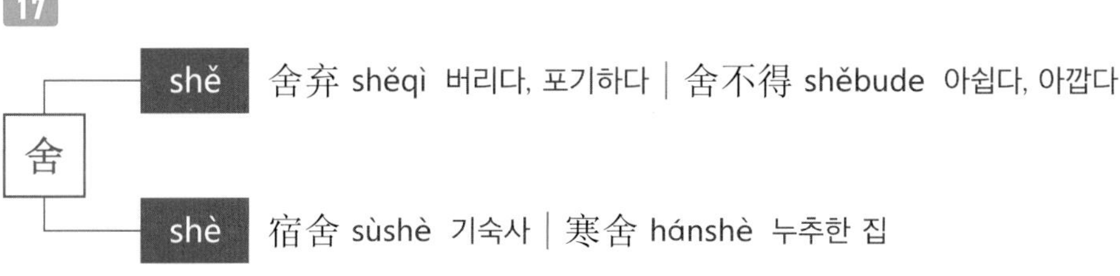

舍
shě 舍弃 shěqì 버리다, 포기하다 | 舍不得 shěbude 아쉽다, 아깝다
shè 宿舍 sùshè 기숙사 | 寒舍 hánshè 누추한 집

예시 毕业了，我舍不得离开/大学宿舍。

졸업했는데, 나는 대학교 기숙사를 떠나기가 아쉽다.

18

예시 这两个款式/很相似，好像/是一个人设计的/似的。
이 두 개의 디자인이 비슷한데, 아마 같은 사람이 디자인한 것 같다.

19

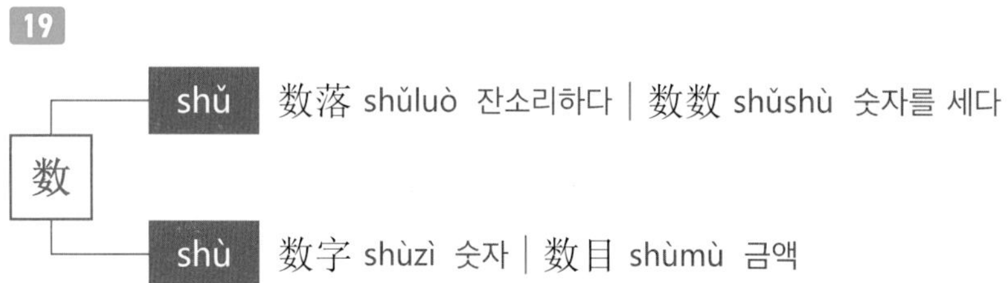

数
shǔ
数落 shǔluò 잔소리하다 | 数数 shǔshù 숫자를 세다
shù
数字 shùzì 숫자 | 数目 shùmù 금액

예시 这不是/一笔小数目，你好好/数一数。 이것은 적은 액수가 아니니 잘 세어 보세요.

20

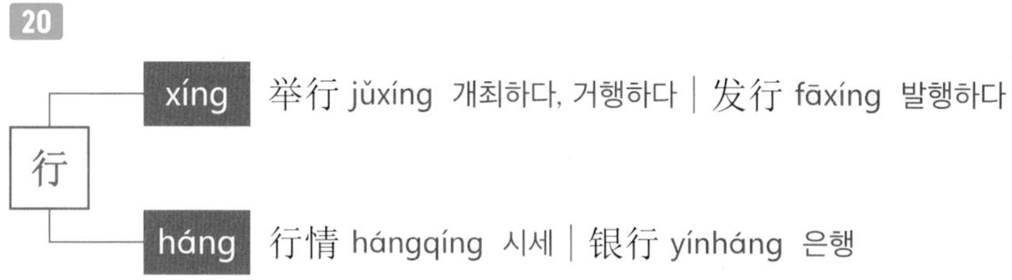

行
xíng
举行 jǔxíng 개최하다, 거행하다 | 发行 fāxíng 발행하다
háng
行情 hángqíng 시세 | 银行 yínháng 은행

예시 人民币/只能由中国人民银行/发行。 런민비는 중국 런민은행에서만 발행할 수 있다.

21

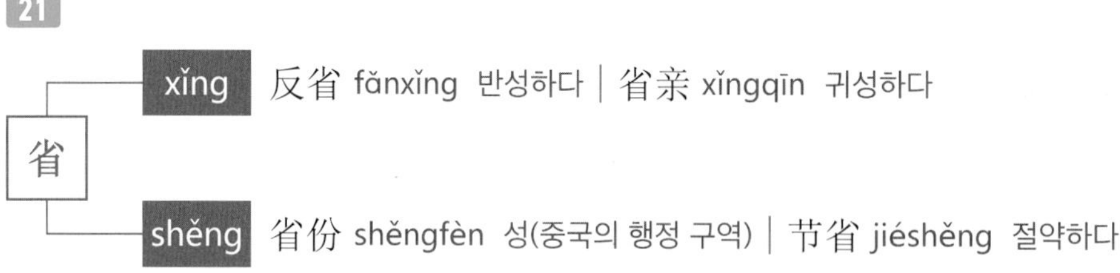

省
xǐng
反省 fǎnxǐng 반성하다 | 省亲 xǐngqīn 귀성하다
shěng
省份 shěngfèn 성(중국의 행정 구역) | 节省 jiéshěng 절약하다

예시 他对自己不节省的问题/进行了反省。
그는 자신이 절약하지 않는 문제에 대해 반성했다.

22

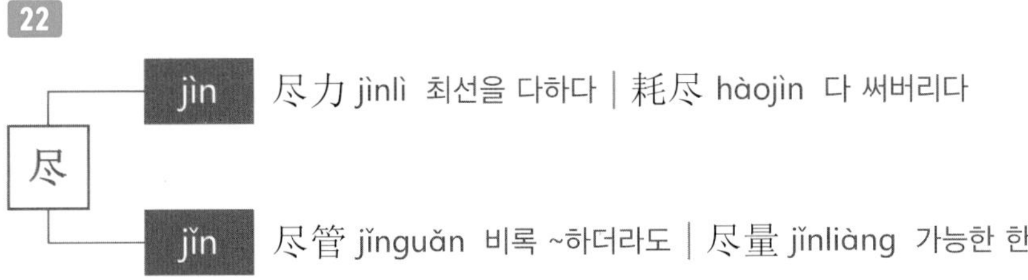

예시 尽管/结果不太让人/满意，但是/我们已经尽力了。

비록 결과는 그다지 만족스럽지 못하지만, 우리는 이미 최선을 다했다.

23

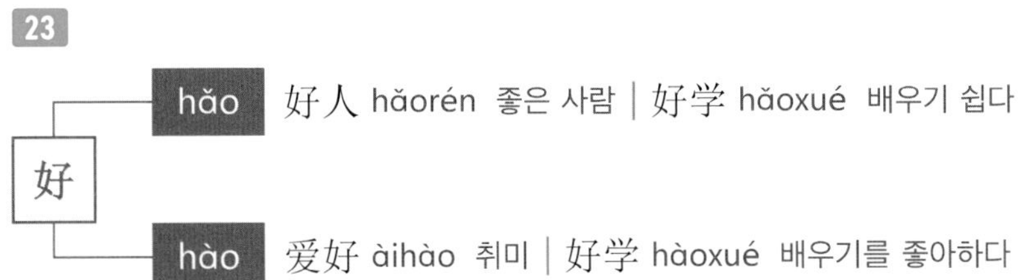

好
hǎo
好人 hǎorén 좋은 사람 | 好学 hǎoxué 배우기 쉽다
hào
爱好 àihào 취미 | 好学 hàoxué 배우기를 좋아하다

예시 他是个/好学的孩子，所以/他觉得/汉语很好学。

그는 배우기를 좋아하는 아이인데, 그래서 그는 중국어는 배우기 쉽다고 생각한다.

24

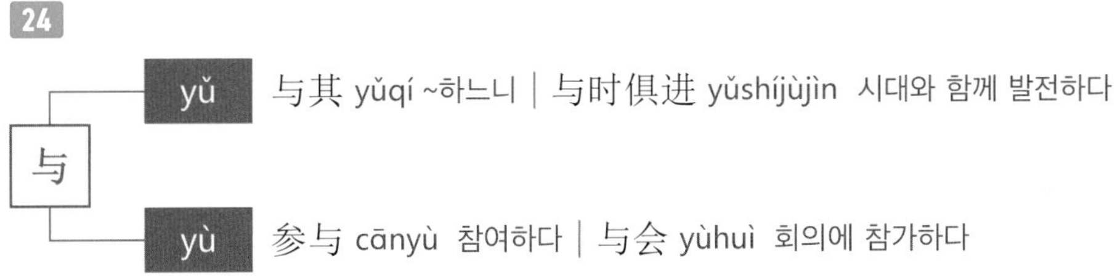

与
yǔ
与其 yǔqí ~하느니 | 与时俱进 yǔshíjùjìn 시대와 함께 발전하다
yù
参与 cānyù 참여하다 | 与会 yùhuì 회의에 참가하다

예시 老师应该/多给与学生鼓励，让学生/积极参与/校内的各项活动。

선생님은 학생들을 격려해서 학생들이 교내의 각종 활동에 적극적으로 참여할 수 있도록 해야 한다.

25

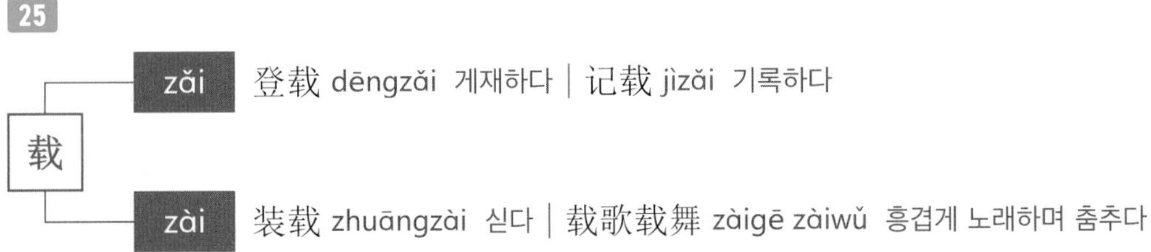

载
zǎi
登载 dēngzǎi 게재하다 | 记载 jìzǎi 기록하다
zài
装载 zhuāngzài 싣다 | 载歌载舞 zàigē zàiwǔ 흥겹게 노래하며 춤추다

예시 据史书记载，王昭君 / 多才多艺，每逢 / 汉匈首脑会议，她都要 / 载歌载舞。

사서 기록에 따르면 , 왕자오쥔은 다재다능하여 한흉 정상회의 때마다 그녀는 노래하고 춤을 춰야 했다고 한다 .

핵심만 공략하자! 기출 예제로 유형 파악하기

제시된 글을 보고 낭독하세요. (준비 시간 2분, 낭독 2분)

社交不是与你的亲戚或者朋友聊天儿，而是开发我们身边的泛泛之交。一项调查显示，在几百个职业人士中，56%的人不是通过招聘广告，而是通过他们的私人关系找到工作的。更有意思的是，90%的人称他们的这种私人关系不过是泛泛之交。换句话说，我们的下一次机会很有可能并不是来自我们的好朋友，而是来自那些跟我们并不太熟的人。既然泛泛之交如此重要，为什么我们不多给自己一些时间，与至少可以相视一笑、打个招呼的朋友交往呢？所以，我们应该去创造新的社交关系，比如参加你们行业内部的活动，去认识公司中那些你平时不是每天打交道的人，去参与慈善公益活动，等等，这些都会使你认识更多的人。

음원을 듣고, 강세와 끊어 읽기 표시를 유의하여 큰 소리로 따라 연습하세요. 

社交/不是与你的亲戚或者朋友聊天儿，而是/开发我们身边的泛泛之交。
Shèjiāo bú shì yǔ nǐ de qīnqī huòzhě péngyou liáotiānr, érshì kāifā wǒmen shēnbiān de fànfàn zhī jiāo.

一项调查显示，在几百个职业人士中，56%的人/不是通过招聘广告，
Yí xiàng diàochá xiǎnshì, zài jǐbǎi ge zhíyè rénshì zhōng, bǎi fēn zhī wǔshíliù de rén bú shì tōngguò zhāopìn guǎnggào,

而是通过他们的私人关系/找到工作的。更有意思的是，90%的人称/
érshì tōngguò tāmen de sīrén guānxì zhǎodào gōngzuò de. Gèng yǒu yìsī de shì, bǎi fēn zhī jiǔshí de rén chēng

他们的这种私人关系/不过是泛泛之交。换句话说，我们的下一次机会/
tāmen de zhè zhǒng sīrén guānxì búguò shì fànfàn zhī jiāo. Huàn jù huà shuō, wǒmen de xià yí cì jīhuì

很有可能/并不是/来自我们的好朋友，而是/来自那些/跟我们并不太熟的人。

hěn yǒu kěnéng bìng bú shì láizì wǒmen de hǎo péngyou, érshì láizì nàxiē gēn wǒmen bìng bú tài shú de rén.

既然/泛泛之交如此重要，为什么/我们不多给自己一些时间，
Jìrán fànfàn zhī jiāo rúcǐ zhòngyào, wèishénme wǒmen bù duō gěi zìjǐ yìxiē shíjiān,

与至少可以相视一笑、打个招呼的朋友/交往呢？
yǔ zhìshǎo kěyǐ xiāngshì yí xiào、dǎ ge zhāohū de péngyou jiāowǎng ne?

所以，我们应该/去创造新的社交关系，比如/参加你们行业内部的活动，
Suǒyǐ, wǒmen yīnggāi qù chuàngzào xīn de shèjiāo guānxì, bǐrú cānjiā nǐmen hángyè nèibù de huódòng,

去认识公司中/那些你平时不是每天打交道的人，去参与慈善公益活动等等，
qù rènshi gōngsī zhōng nàxiē nǐ píngshí bú shì měi tiān dǎ jiāodào de rén, qù cānyǔ císhàn gōngyì huódòng děng děng,

这些都会使你/认识更多的人。
zhèxiē dōu huì shǐ nǐ rènshi gèng duō de rén.

해석 사회적 교류는 당신이 친척이나 친구와 이야기하는 것을 말하는 것이 아니라, 우리 주변의 보통 친구들을 만드는 것을 말한다. 한 조사에 따르면, 수백 명의 직장인 중 56퍼센트의 사람이 구인 광고가 아닌 사적인 관계를 통해 일자리를 구했다고 한다. 더 흥미로운 것은 90퍼센트의 사람이 이러한 사적인 관계를 그저 평범한 보통 친분이라고 답했다는 것이다. 다시 말해, 우리의 다음 기회는 우리의 친한 친구가 아니라 우리와 그다지 친하지 않은 사람들에게서 올 가능성이 높다는 것이다. 그렇다면 보통의 관계가 이렇게 중요한데, 우리는 왜 서로 마주보고 한 번 웃거나 인사하는 데 조금의 시간을 더 투자하지 않는가? 따라서, 우리는 새로운 사회적 관계를 만들어야 한다. 예를 들어 업계 내부 활동에 참여하는 것, 평소 매일 상대하지 않는 회사의 사람들과 친분을 쌓는 것, 자선 및 공익 활동에 참여하는 것 등 이러한 활동들이 더 많은 사람을 알게 해줄 것이다.

HSKK 중국어 말하기 시험 준비 시간: 약 2분, 답변 시간: 약 2분

第二部分：第4题，朗读。

当你拥有6个苹果的时候，千万不要把它们都吃掉，因为把它们全吃掉，你也只能吃到一种味道，那就是苹果的味道。如果你把6个苹果中的5个拿出来给别人吃，尽管表面上你失掉了5个苹果，但实际上你却得到了其他5个人的友情和好感。以后你还能得到更多，当别人有了别的水果的时候，也一定会和你分享，你会从这个人手里得到一个桔子，从那个人手里得到一个梨，最后你就可能获得6种不同的水果，6种不同的味道，6个人的友谊。你一定要学会用你拥有的东西去换取对你来说更加重要的东西。所以说，放弃是一种智慧。每一次放弃都会是一次升华，舍得舍得，有舍才会有得。

메모

제3부분

回答问题

질문에 대답하기

제3부분은 화면에 제시된 질문을 보고 자신의 의견이나 생각을 정리하여 2분 30초 동안 대답하는 유형으로, 총 2문제가 출제되며, 시험 시간은 5분이다. 특히, 음성 녹음을 들려주는 형식이 아닌 컴퓨터 화면에 중국어로 질문이 나오기 때문에, 대답할 때 질문을 활용하는 것이 좋다. 답변하기 전 10분의 준비 시간이 주어지는데, 이때 제2~3부분 답변을 모두 준비해야 하므로 시간 분배에 유의해야 한다.

최신 출제 경향

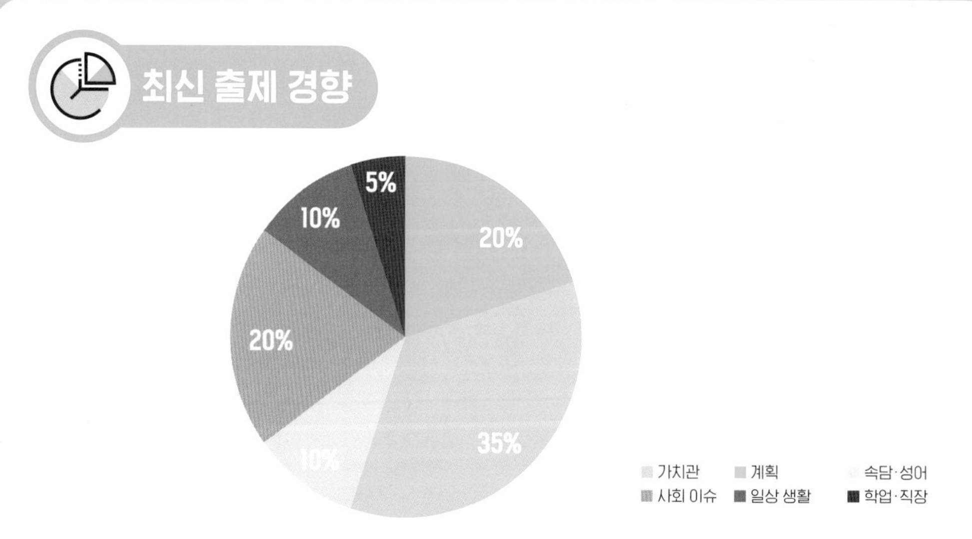

주제별 출제 비중을 살펴보면 개인의 가치관에 대한 질문이 가장 많이 출제되며, 휴가나 인생 계획, 속담과 성어에 대한 견해를 묻는 질문이 그 다음으로 많이 출제된다. 또한 최근 뉴스에 많이 등장하는 사회 문제나 이슈에 대한 견해를 물어보는 질문도 자주 출제된다. 청소년 문제, 노인 문제, 환경 문제 등 사회에서 전반적으로 일어나는 다양한 이슈에 대해 물어볼 수 있으므로, 관련 필수 어휘를 정리하고 자신의 의견을 정리해 두는 것이 좋다. 일상 생활에 관련된 질문도 빠지지 않고 등장하는데, 스트레스 해소 방법이나 취미, 가족 관계, 음식, 성격 등에 대한 질문이 자주 출제된다. 건강과 운동 관련 주제도 HSKK 단골 주제이기 때문에 반드시 공부해 두어야 한다.

쉬엔 쌤의 공략비법

핵심1 질문을 그대로 활용하여 대답하자.

제시된 질문을 보고 답변을 준비할 때, 첫 문장은 질문을 그대로 활용하는 것이 좋다. 특히, 제3부분은 2분 30초 동안 대답해야 하는데 대답할 말이 없거나 생각이 안 나는 경우 질문을 그대로 활용하는 것이 도움이 된다.

핵심2 준비 시간을 알차게 활용하자.

제2, 3부분의 준비 시간은 총 10분으로, 한 문제당 2~3분씩 투자하여 핵심 키워드와 활용할 패턴 등을 적어 두는 것이 좋다. 대답할 답변 전체를 메모하기에는 시간이 충분하지 않으므로 키워드 위주로 메모하는 연습을 하는 것이 좋다.

핵심3 서론-본론-결론이 뚜렷한 논리적인 답변을 만들자.

떠오르는 문장들을 두서없이 이야기하는 것이 아니라, 주장과 그에 대한 근거가 분명한 논리적인 답변을 만드는 것이 좋다. 서론에서는 질문의 내용을 그대로 활용하고 본론에서는 그 이유를 두세 문장으로 정리한 다음, 마무리에서 자신의 주장을 한 번 더 강조하는 것이 좋다. 책에서 제시하는 5개의 필수 키워드를 활용하여 논리적인 답변을 만드는 훈련을 꾸준히 해야 한다.

핵심4 HSKK 고급 필수 만능 템플릿을 제대로 활용하자.

스스로 작문하기 어려운 경우, 필수 표현과 만능 템플릿을 활용하여 간결하면서도 정확한 문장을 만드는 연습을 꾸준히 하는 것이 좋다.

제3부분 | 질문에 대답하기

09 휴가나 인생 계획

빈출 질문

휴가나 인생 계획 관련 주제에서는 휴가 계획이나 여행 계획에 대한 질문과, 앞으로 몇 년 동안의 인생 계획에 대한 질문이 많이 출제된다.

❶ 휴가나 여행 계획

如果现在你有一个月的假期，你打算做什么？

만약 당신에게 한 달의 휴가가 주어진다면, 무엇을 할 계획인가요?

❷ 인생 계획

请谈谈你未来三年的人生规划。

당신의 향후 3년간 인생 계획에 대해 말해 주세요.

필수 어휘

음원을 들으며 제시된 단어를 익혀 보세요.

단어	병음	뜻
假期	jiàqī	명 휴가, 휴가 기간
旅行	lǚxíng	명 여행 동 여행 가다
暂时	zànshí	명 잠깐, 잠시
忘	wàng	동 잊다, 까먹다
烦恼	fánnǎo	명 고민, 걱정, 번뇌 동 걱정하다, 마음을 졸이다
压力	yālì	명 스트레스
开拓	kāituò	동 넓히다, 개척하다

视野	shìyě	명 시야
锻炼	duànliàn	동 (몸과 마음을) 단련하다, 운동하다
规划	guīhuà	명 계획 동 계획하다, 기획하다
度过	dùguò	동 보내다, 지내다
首先	shǒuxiān	명 첫째, 우선, 먼저
利用	lìyòng	동 이용하다
俗话	súhuà	명 속담
继续	jìxù	부 계속
一举两得	yìjǔ liǎngdé	성어 일거양득, 꿩 먹고 알 먹기
沟通	gōutōng	동 소통하다, 교류하다
攒	zǎn	동 (돈을) 모으다, 쌓다
付出	fùchū	동 지출하다, 바치다, 들이다
孝敬	xiàojìng	동 효도하다, 공경하다
未来	wèilái	명 미래

5개 핵심 키워드

질문을 보고 대답하세요.

❶ 如果现在你有一个月的假期，你打算做什么？
만약 당신에게 한 달의 휴가가 주어진다면, 무엇을 할 계획인가요?

핵심 키워드로 브레인스토밍하기

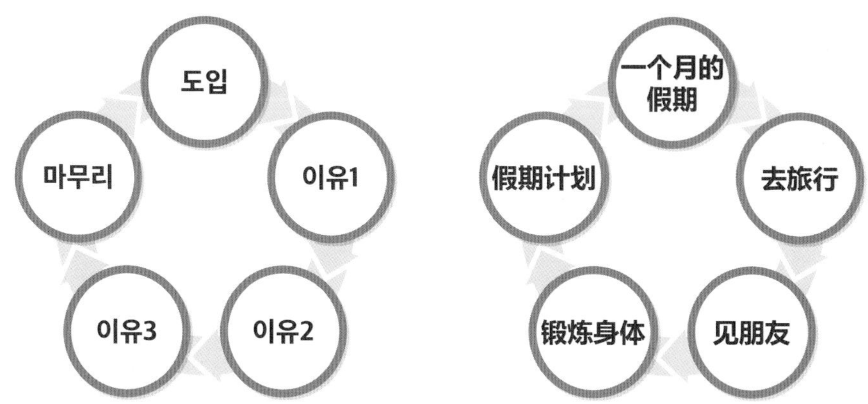

5개 필수 문장

5개의 필수 문장을 익혀 보세요.

1 如果现在我有一个月的假期，我打算先用两个星期的时间出去旅行。
Rúguǒ xiànzài wǒ yǒu yí ge yuè de jiàqī, wǒ dǎsuàn xiān yòng liǎng ge xīngqī de shíjiān chūqu lǚxíng.
만약 지금 제가 한 달 간의 휴가가 있다면, 저는 먼저 2주 동안 여행을 떠날 계획입니다.

필수 패턴1

众所周知　　모든 사람이 다 알고 있다

예시 众所周知，偏食会导致营养不良。
모든 사람이 다 알고 있듯이, 편식은 영양 불균형을 야기할 수 있다.

2 旅行的好处众所周知，它不但可以让我们暂时忘掉生活中的各种烦恼和压力，还可以开拓我们的视野。
Lǚxíng de hǎochù zhòngsuǒzhōuzhī, tā búdàn kěyǐ ràng wǒmen zànshí wàngdiào shēnghuó zhōng de gè zhǒng fánnǎo hé yālì, hái kěyǐ kāituò wǒmen de shìyě.
여행의 장점은 모두 다 알고 있듯이, 여행은 우리의 생활 속 각종 고민과 스트레스를 잠시 잊게 할 뿐만 아니라 시야도 넓혀 줍니다.

3 然后我打算用一个星期去见一见我的朋友们，因为朋友也是我人生中非常重要的一部分。
Ránhòu wǒ dǎsuàn yòng yí ge xīngqī qù jiàn yi jiàn wǒ de péngyoumen, yīnwèi péngyou yě shì wǒ rénshēng zhōng fēicháng zhòngyào de yí bùfen.
그리고 일주일 동안 친구들을 만날 계획입니다. 왜냐하면 친구도 제 인생의 매우 중요한 부분이기 때문입니다.

필수 패턴2

只有A，才B　　A해야만, 그래야 B하다

예시 只有努力生活，才能有美好的明天。
열심히 살아야만, 밝은 내일이 있다.

4 我打算用最后一个星期的时间锻炼身体，因为只有身体健康，才有精力去更加努力地学习和工作。
Wǒ dǎsuàn yòng zuìhòu yí ge xīngqī de shíjiān duànliàn shēntǐ, yīnwèi zhǐyǒu shēntǐ jiànkāng, cái yǒu jīnglì qù gèngjiā nǔlì de xuéxí hé gōngzuò.
저는 마지막 일주일 동안은 운동을 할 계획입니다. 몸이 건강해야만, 열심히 공부하고 일할 수 있는 에너지가 있기 때문입니다.

5 以上就是我的假期计划。
Yǐshàng jiù shì wǒ de jiàqī jìhuà.
이것이 저의 휴가 계획입니다.

모범 답변 확인하기

음원을 들으면서 모범 답변을 큰 소리로 따라 연습하세요.

如果/现在我有/一个月的假期，我打算/先用两个星期的时间/出去旅行。
Rúguǒ xiànzài wǒ yǒu yí ge yuè de jiàqī, wǒ dǎsuàn xiān yòng liǎng ge xīngqī de shíjiān chūqu lǚxíng.

旅行的好处/众所周知，它不但可以/让我们暂时忘掉/生活中的各种烦恼和压力，
Lǚxíng de hǎochù zhòngsuǒzhōuzhī, tā búdàn kěyǐ ràng wǒmen zànshí wàngdiào shēnghuó zhōng de gè zhǒng fánnǎo hé yālì,

还可以开拓/我们的视野，增长/我们的见识。
hái kěyǐ kāituò wǒmen de shìyě, zēngzhǎng wǒmen de jiànshi.

然后/我打算用一个星期/去见一见我的朋友们。
Ránhòu wǒ dǎsuàn yòng yí ge xīngqī qù jiàn yi jiàn wǒ de péngyoumen.

因为/工作太忙，我和我的朋友们/好久没见了。
Yīnwèi gōngzuò tài máng, wǒ hé wǒ de péngyoumen hǎojiǔ méi jiàn le.

我要跟我的朋友们/好好聚一聚，沟通一下/感情，
Wǒ yào gēn wǒ de péngyoumen hǎohǎo jù yi jù, gōutōng yíxià gǎnqíng,

因为/朋友也是/我人生中/非常重要的一部分。
yīnwèi péngyou yě shì wǒ rénshēng zhōng fēicháng zhòngyào de yí bùfen.

我打算/用最后一个星期的时间/锻炼身体，因为/只有身体健康，
Wǒ dǎsuàn yòng zuìhòu yí ge xīngqī de shíjiān duànliàn shēntǐ, yīnwèi zhǐyǒu shēntǐ jiànkāng,

才有精力/去更加努力地/学习和工作。
cái yǒu jīnglì qù gèngjiā nǔlì de xuéxí hé gōngzuò.

以上就是/我的假期计划。
Yǐshàng jiù shì wǒ de jiàqī jìhuà.

해석 만약 지금 제가 한 달 간의 휴가가 있다면, 저는 먼저 2주 동안 여행을 떠날 계획입니다. 여행의 장점은 모두 다 알고 있듯이, 여행은 우리의 생활 속 각종 고민과 스트레스를 잠시 잊게 할 뿐만 아니라 우리의 시야와 식견도 넓힐 수 있습니다. 그리고 일주일 동안 친구들을 만날 계획입니다. 왜냐하면 일이 너무 바빠서, 저는 오랫동안 친구들을 만나지 못했기 때문입니다. 저는 친구들과 제대로 모여서, 감정도 교류하고 싶습니다. 왜냐하면 친구도 제 인생의 매우 중요한 부분이기 때문입니다. 저는 마지막 일주일 동안은 운동을 할 계획입니다. 몸이 건강해야만, 열심히 공부하고 일할 수 있는 에너지가 있기 때문입니다. 이것이 바로 저의 휴가 계획입니다.

나만의 DIY 답변

답변 템플릿을 참고하여 스스로 나만의 답변을 만들어 보세요.

请介绍一下你们国家的人一般是怎么度过假期的。(2.5分钟)
당신의 나라 사람들은 보통 어떻게 휴가를 보내는지 소개해 주세요.

답변 템플릿

도입	저는 OOO나라 사람인데, 우리나라 사람들이 어떻게 휴가를 보내는지에 대해 소개하겠습니다.
전개	첫째, 우리나라 사람들은 휴가 기간에 보통 OOO을 합니다. OOO의 장점은 모두 다 알고 있듯이, OOO입니다. 둘째, 우리나라 사람들은 보통 휴가를 이용해 OOO을 합니다. 왜냐하면 일이 너무 바빠서, 평소에는 OOO할 시간이 없기 때문입니다. 그래서 많은 사람들은 OOO을 합니다. 마지막으로, 휴가를 이용해서 OOO을 하는 사람도 매우 많습니다.
마무리	이상으로 우리나라 사람들이 어떻게 휴가를 보내는지에 대해 소개했습니다.

음원을 들으면서 빈칸을 채우고, 모범 답변을 큰 소리로 따라 연습하세요.

我是/______，我来介绍一下/______/是怎么度过假期的。首先，我们国家的人/假期一般都会/______。______好处/众所周知，它不但可以/______，还可以______。其次，我们国家的人/都会利用假期/______。因为/______，______。所以很多人/都会利用假期/跟朋友们好好聚一聚，沟通一下/感情，因为朋友也是/我们人生中/非常重要的一部分。最后，利用假期/______很多。______。因为/只有身体健康，才有精力/去更加努力地/学习和工作。以上我介绍了一下/______是怎么度过/假期的。

핵심 키워드: 度过假期, 旅游, 忘掉, 烦恼, 开拓, 视野, 聚, 沟通, 锻炼, 重视

실력 다지기 실전 테스트

HSKK 중국어 말하기 시험 준비 시간: 2분 30초, 답변 시간: 2분 30초

第三部分：第5题，回答问题。

5. 请谈谈你未来三年的人生规划。（2.5分钟）

나만의 답변 만들기

제3부분 | 질문에 대답하기

10 가치관, 견해

빈출 질문

개인의 가치관이나 견해를 묻는 주제에서는 이상적인 삶이나 바람직한 생활상에 대해 질문하거나, 중요하게 생각하는 가치관에 대한 질문이 많이 출제된다. 또한 양자택일하는 질문이나 찬성 또는 반대 의견을 묻는 질문도 자주 출제된다.

❶ 개인의 가치관

过程和结果哪个更重要？为什么？

과정과 결과 중 어느 것이 더 중요한가요? 왜 그렇게 생각하나요?

❷ 이상적인 생활이나 인생관

你认为理想的生活状态是什么样的？请简单说说。

당신은 어떤 생활이 이상적이라고 생각하나요? 간단하게 말해 주세요.

필수 어휘

음원을 들으며 제시된 단어를 익혀 보세요.

단어	병음	뜻
过程	guòchéng	명 과정
理由	lǐyóu	명 이유
必然	bìrán	형 필연적이다 부 반드시, 필연적으로
实现	shíxiàn	동 실현하다, 달성하다
相应	xiāngyìng	동 상응하다
收获	shōuhuò	명 성과, 수확, 소득 동 수확하다, 추수하다
对待	duìdài	동 대하다, 대응하다, 대우하다

环节	huánjié	명 부분, 일환
运气	yùnqì	명 운, 행운
提高	tígāo	동 높이다, 향상시키다
机遇	jīyù	명 좋은 기회, 찬스
抓住	zhuāzhù	동 붙잡다, 움켜잡다, 사로잡다
因人而异	yīnrén'éryì	성어 사람에 따라 다 다르다
价值观	jiàzhí guān	명 가치관
状态	zhuàngtài	명 상태
稳定	wěndìng	형 안정적이다 동 안정시키다, 가라앉히다
收入	shōurù	명 소득, 수입
充满	chōngmǎn	형 충만하다, 가득차다
分享	fēnxiǎng	동 (행복, 기쁨 등을) 나누다, 함께 누리다
具备	jùbèi	동 갖추다, 구비하다
无从谈起	wúcóng tán qǐ	말할 수 없다

5개 핵심 키워드

질문을 보고 대답하세요.

❶ 过程和结果哪个更重要？为什么？
과정과 결과 중 어느 것이 더 중요한가요? 왜 그렇게 생각하나요?

핵심 키워드로 브레인스토밍하기

5개 필수 문장

5개의 필수 문장을 익혀 보세요.

필수 패턴1

仁者见仁智者见智 사람에 따라 견해가 다르다

예시 对幸福的看法是仁者见仁智者见智的。
행복에 대한 생각은 사람마다 견해가 다 다르다.

1 过程更重要？还是结果更重要？对这个问题的看法当然是仁者见仁智者见智的。
Guòchéng gèng zhòngyào? Háishi jiéguǒ gèng zhòngyào? Duì zhège wèntí de kànfǎ dāngrán shì rénzhě jiàn rén zhìzhě jiàn zhì de.
과정이 더 중요한가? 아니면 결과가 더 중요한가? 이 문제에 대한 견해는 당연히 사람마다 다릅니다.

2 我个人认为，这个问题其实不是单选题，而是多选题。

Wǒ gèrén rènwéi, zhège wèntí qíshí bú shì dān xuǎn tí, ér shì duō xuǎn tí.

저는 개인적으로 이 문제는 사실 하나의 답이 있는 것이 아니라, 답이 여러 개라고 생각합니다.

필수 패턴2

换句话说…… 다시 말하면~, 바꾸어 말하면~

예시 换句话说，爱情和婚姻其实是两回事。

다시 말해, 사랑과 결혼은 사실 별개의 일이다.

3 换句话说，我认为，过程和结果一样重要，不能说哪个更重要。

Huàn jù huà shuō, wǒ rènwéi, guòchéng hé jiéguǒ yíyàng zhòngyào, bù néng shuō nǎge gèng zhòngyào.

다시 말해, 저는 과정과 결과가 똑같이 중요하여, 어느 것이 더 중요하다고 말할 수 없다고 생각합니다.

4 理由如下：当你重视一件事的结果时，你必然会在实现这个结果的过程中去努力，从而得到相应的收获。

Lǐyóu rúxià: dāng nǐ zhòngshì yí jiàn shì de jiéguǒ shí, nǐ bìrán huì zài shíxiàn zhège jiéguǒ de guòchéng zhōng qù nǔlì, cóng'ér dédào xiāngyìng de shōuhuò.

이유는 다음과 같습니다. 당신이 일의 결과를 중시할 때, 그것을 실현하는 과정에서 반드시 노력할 것이고, 그에 상응하는 성과를 얻습니다.

5 反过来，如果你重视一件事的过程，认真对待这件事的每一个环节的话，你必然会得到一个好的结果。

Fǎn guòlai, rúguǒ nǐ zhòngshì yí jiàn shì de guòchéng, rènzhēn duìdài zhè jiàn shì de měi yí ge huánjié dehuà, nǐ bìrán huì dédào yí ge hǎo de jiéguǒ.

반대로, 만약 당신이 일의 과정을 중시하여, 그 일의 모든 과정을 진지하게 임한다면, 반드시 좋은 결과를 얻을 것입니다.

모범 답변 확인하기

음원을 들으면서 모범 답변을 큰 소리로 따라 연습하세요. MP3 10-2

过程/更重要？还是/结果更重要？对这个问题的看法/当然是/仁者见仁/智者见智的。
Guòchéng gèng zhòngyào? Háishi jiéguǒ gèng zhòngyào? Duì zhège wèntí de kànfǎ dāngrán shì rénzhě jiàn rén zhìzhě jiàn zhì de.

我个人认为，这个问题/其实不是/单选题，而是/多选题。
Wǒ gèrén rènwéi, zhège wèntí qíshí bú shì dān xuǎn tí, ér shì duō xuǎn tí.

换句话说，我认为，过程和结果/一样重要，不能说/哪个更重要。
Huàn jù huà shuō, wǒ rènwéi, guòchéng hé jiéguǒ yíyàng zhòngyào, bù néng shuō nǎge gèng zhòngyào.

理由如下：当你重视/一件事的结果时，你必然会/在实现这个结果的过程中/去努力，从而得到/相应的收获。
Lǐyóu rúxià: dāng nǐ zhòngshì yí jiàn shì de jiéguǒ shí, nǐ bìrán huì zài shíxiàn zhège jiéguǒ de guòchéng zhōng qù nǔlì, cóng'ér dédào xiāngyìng de shōuhuò.

反过来，如果你重视/一件事的过程，认真对待/这件事的每一个环节/的话，你必然会得到/一个好的结果。
Fǎn guòlai, rúguǒ nǐ zhòngshì yí jiàn shì de guòchéng, rènzhēn duìdài zhè jiàn shì de měi yí ge huánjié dehuà, nǐ bìrán huì dédào yí ge hǎo de jiéguǒ.

俗话说：“一分耕耘/一分收获”。
Súhuà shuō: “yì fēn gēngyún yì fēn shōuhuò”.

如果/我们对一件事的过程/满意的话，结果也/一定不会差。
Rúguǒ wǒmen duì yí jiàn shì de guòchéng mǎnyì dehuà, jiéguǒ yě yídìng bú huì chà.

해석 과정이 더 중요한가? 아니면 결과가 더 중요한가? 이 문제에 대한 견해는 당연히 사람마다 다릅니다. 저는 개인적으로 이 문제는 사실 하나의 답이 있는 것이 아니라, 답이 여러 개라고 생각합니다. 다시 말해, 저는 과정과 결과가 똑같이 중요하여, 어느 것이 더 중요하다고 말할 수 없다고 생각합니다. 이유는 다음과 같습니다. 당신이 한 가지 일의 결과를 중시할 때, 그것을 실현하는 과정에서 반드시 노력할 것이고, 그에 상응하는 성과를 얻을 것입니다. 반대로, 만약 당신이 일의 과정을 중시하여, 그 일의 모든 과정을 진지하게 임한다면, 반드시 좋은 결과를 얻을 것입니다. 속담에 '노력한 만큼 얻는다'라는 말이 있듯이, 만약 우리가 한 가지 일의 과정에 만족한다면, 결과도 반드시 나쁘지 않을 것입니다.

나만의 DIY 답변

답변 템플릿을 참고하여 스스로 나만의 답변을 만들어 보세요.

对成功而言，能力和运气哪个更重要？为什么？(2.5分钟)
성공에 있어서, 능력과 운 중에 어느 것이 더 중요한가요? 왜 그렇게 생각하나요?

답변 템플릿

도입	OOO이 더 중요한가? 아니면 OOO이 더 중요한가? 이 문제에 대한 견해는 당연히 사람마다 다릅니다. 저는 개인적으로 이 문제는 사실 하나의 답이 있는 것이 아니라, 답이 여러 개라고 생각합니다. 다시 말해, 저는 OOO과 OOO이 똑같이 중요하여, 어느 것이 더 중요하다고 말할 수 없다고 생각합니다.
전개	이유는 다음과 같습니다. 만약 당신이 OOO한다면, OOO할 것입니다. 반대로, 만약 당신이 OOO한다면, OOO할 것입니다.
마무리	요컨대, 저는 OOO이라고 생각하여, 두 가지 모두 매우 중요하다고 생각합니다.

음원을 들으면서 빈칸을 채우고, 모범 답변을 큰 소리로 따라 연습하세요. 

对______/而言，______/更重要？还是/______更重要？对这个问题的看法/当然是/仁者见仁/智者见智的。我个人认为，这个问题/其实不是/单选题，而是/多选题。换句话说，要想______的话，能力和运气/一样重要，不能说/哪个更重要。理由如下：如果你______________________________。反过来，如果你______________________________。古人云：“______________”，意思/就是说，首先/______________，然后______________。总之，我认为/______________两者/都非常重要。

핵심 키워드: 成功, 能力, 运气, 只有, 没有, 尽人事听天命, 提高, 等待, 机遇

실력 다지기 실전 테스트

HSKK 중국어 말하기 시험 준비 시간: 2분 30초, 답변 시간: 2분 30초

第三部分：第5题，回答问题。

5. 你认为理想的生活状态是什么样的？请简单说说。(2.5分钟)

나만의 답변 만들기

제3부분 | 질문에 대답하기

11 이슈에 대한 견해

빈출 질문

어떤 이슈나 특정 사건에 대한 개인의 견해를 묻는 질문 또한 자주 출제된다. 관련 질문 유형에서는 찬성 또는 반대의 의견을 묻는 질문이나 두 가지의 선택지 중 하나를 고르는 양자택일 문제가 자주 출제된다. 관련 질문이 나올 때는 자신의 견해를 확실하게 밝히고 이에 대한 근거를 2~3개 정도 제시하는 것이 좋다.

❶ 찬성 또는 반대 의견

你认为电子书会取代纸质图书吗？为什么？

당신은 전자책이 종이책을 대체할 것이라고 생각하나요? 왜 그렇게 생각하나요?

❷ 양자택일 문제

有人选择贷款买房，有人选择存款买房，你会选择哪种方式？为什么？

어떤 사람은 대출을 받아서 집을 사고, 어떤 사람은 저축을 해서 집을 사는데, 당신은 어떤 방식을 선택할 것인가요? 이유는 무엇입니까?

필수 어휘

음원을 들으며 제시된 단어를 익혀 보세요.

단어	병음	뜻
取代	qǔdài	동 대체하다, 대신하다, 치환하다
纸质	zhǐzhì	명 종이, 종이 재질
发展	fāzhǎn	동 발전하다
应运而生	yìngyùn'érshēng	성어 시대의 요구에 의해 나타나다, 시기에 따라 생겨나다
优势	yōushì	명 우세, 우위, 강점

不言而喻	bùyán'éryù	성어 말하지 않아도 다 안다, 말할 필요도 없다
绝对	juéduì	부 절대로, 반드시 형 절대적이다
精读	jīngdú	동 정독하다
适合	shìhé	동 적합하다, 어울리다
消失	xiāoshī	동 사라지다, 없어지다
实体店	shítǐ diàn	명 오프라인 매장
试穿	shì chuān	동 입어 보다, 착용하다
挑选	tiāoxuǎn	동 고르다, 선택하다
新鲜	xīnxiān	형 신선하다
选择	xuǎnzé	명 선택 동 선택하다
贷款	dàikuǎn	동 대출하다
存款	cúnkuǎn	동 저축하다, 저금하다
可谓	kěwèi	동 ~라고 말할 수 있다, ~라고 할 만하다
房价	fángjià	명 집값
攒	zǎn	동 (돈을) 모으다
一辈子	yíbèizi	명 한평생, 일생
实现	shíxiàn	동 실현하다
拥有	yōngyǒu	동 보유하다, 소유하다
梦想	mèngxiǎng	명 꿈, 이상
明智	míngzhì	형 현명하다, 총명하다

5개 핵심 키워드

질문을 보고 대답하세요.

❶ 你认为电子书会取代纸质图书吗？为什么？
당신은 전자책이 종이책을 대체할 것이라고 생각하나요? 왜 그렇게 생각하나요?

핵심 키워드로 브레인스토밍하기

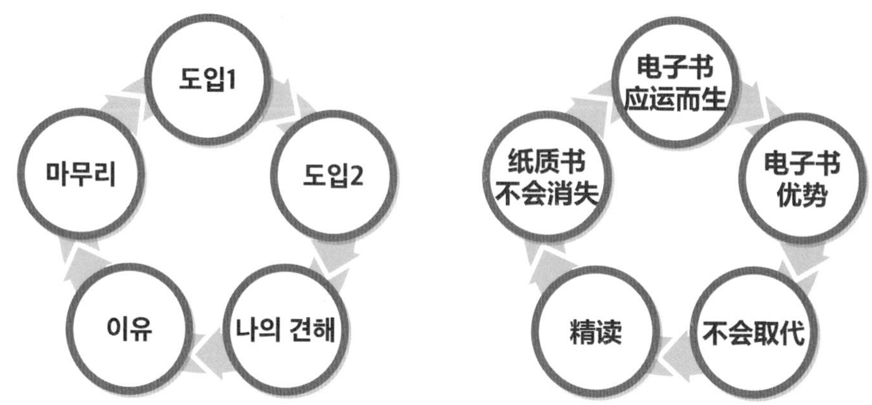

5개 필수 문장

5개의 필수 문장을 익혀 보세요.

필수 패턴1

随着时代的发展，……应运而生 시대가 발전함에 따라, ~가 생겨났다

예시 随着时代的发展，网店应运而生。
시대가 발전함에 따라, 온라인 쇼핑몰이 생겨났다.

1 随着时代的发展，电子书应运而生。
Suízhe shídài de fāzhǎn, diànzǐshū yìngyùn'érshēng.
시대가 발전함에 따라, 전자책이 생겨났습니다.

필수 패턴2

不言而喻　　말하지 않아도 안다, 말할 필요도 없다

예시 熬夜导致的负面影响是不言而喻的。
밤샘으로 인한 부정적인 영향은 말하지 않아도 다 안다.

2 作为新时代的产物，电子书的优势是不言而喻的。
Zuòwéi xīn shídài de chǎnwù, diànzǐshū de yōushì shì bùyán'éryù de.
새로운 시대의 산물인 전자책의 강점은 말하지 않아도 모두가 알 것입니다.

3 我个人认为，纸质书和电子书各有各的优势，电子书绝对不会取代纸质书。
Wǒ gèrén rènwéi, zhǐzhìshū hé diànzǐshū gè yǒu gè de yōushì, diànzǐshū juéduì bú huì qǔdài zhǐzhìshū.
저는 개인적으로 종이책과 전자책은 각각 장점이 있고, 전자책은 결코 종이책을 대체할 리 없다고 생각합니다.

4 电子书看起来比较方便，随时随地都可以看，但是如果是想精读一本书的话，纸质书当然更适合你。
Diànzǐshū kàn qǐlai bǐjiào fāngbiàn, suíshí suídì dōu kěyǐ kàn, dànshì rúguǒ shì xiǎng jīngdú yì běn shū dehuà, zhǐzhìshū dāngrán gèng shìhé nǐ.
전자책은 언제 어디서나 볼 수 있어 편하지만, 책 한 권을 정독하고 싶을 때는 종이책이 당연히 더 제격입니다.

5 综上所述，我认为纸质书的优势是电子书无法取代的，纸质书是不会消失的。
Zōng shàng suǒ shù, wǒ rènwéi zhǐzhìshū de yōushì shì diànzǐshū wúfǎ qǔdài de, zhǐzhìshū shì bú huì xiāoshī de.
종합하자면, 저는 종이책의 장점은 전자책이 대체할 수 없고, 종이책이 사라지지 않을 것이라고 생각합니다.

모범 답변 확인하기

음원을 들으면서 모범 답변을 큰 소리로 따라 연습하세요. 

随着时代的发展，电子书/应运而生。作为/新时代的产物，电子书的优势/是不言而喻的。
Suízhe shídài de fāzhǎn, diànzǐshū yìngyùn'érshēng. Zuòwéi xīn shídài de chǎnwù, diànzǐshū de yōushì shì bùyán'éryù de.

但是/我个人认为，纸质书和电子书/各有各的优势，电子书/绝对不会取代/纸质书。
Dànshì wǒ gèrén rènwéi, zhǐzhìshū hé diànzǐshū gè yǒu gè de yōushì, diànzǐshū juéduì bú huì qǔdài zhǐzhìshū.

我的理由/如下：电子书看起来/比较方便，随时随地/都可以看，
Wǒ de lǐyóu rúxià: diànzǐshū kàn qǐlai bǐjiào fāngbiàn, suíshí suídì dōu kěyǐ kàn,

但是如果是/想精读一本书/的话，纸质书/当然更适合你。
dànshì, rúguǒ shì xiǎng jīngdú yì běn shū dehuà, zhǐzhìshū dāngrán gèng shìhé nǐ.

另外，我们想送朋友/礼物的时候，有时候/书也是/一个非常好的选择。
Lìngwài, wǒmen xiǎng sòng péngyou lǐwù de shíhou, yǒushíhou shū yě shì yí gè fēicháng hǎo de xuǎnzé.

这样的时候，我们当然要送/纸质书，而不能送/电子书。
Zhèyàng de shíhou, wǒmen dāngrán yào sòng zhǐzhìshū, ér bù néng sòng diànzǐshū.

综上所述，我认为/纸质书的优势/是电子书/无法取代的，纸质书/是不会消失的。
Zōng shàng suǒ shù, wǒ rènwéi zhǐzhìshū de yōushì shì diànzǐshū wúfǎ qǔdài de, zhǐzhìshū shì bú huì xiāoshī de.

해석 시대가 발전함에 따라, 전자책이 생겨났습니다. 새로운 시대의 산물인 전자책의 강점은 말하지 않아도 모두가 알 것입니다. 그러나 저는 개인적으로 종이책과 전자책은 각각 장점이 있고 전자책은 결코 종이책을 대체할 리 없다고 생각합니다. 이유는 다음과 같습니다. 전자책은 언제 어디서나 볼 수 있어 편하지만, 책 한 권을 정독하고 싶을 때는 종이책이 당연히 더 제격입니다. 또한, 우리가 친구에게 선물을 주고 싶을 때, 책은 종종 매우 좋은 선택입니다. 이럴 때 우리는 당연히 종이책을 선물하지 전자책을 선물하지는 않습니다. 종합하자면, 저는 종이책의 장점은 전자책이 대체할 수 없고, 종이책이 사라지지 않을 것이라고 생각합니다.

나만의 DIY 답변

답변 템플릿을 참고하여 스스로 나만의 답변을 만들어 보세요.

你认为网店会取代实体店吗？为什么？(2.5分钟)
당신은 온라인 쇼핑몰이 오프라인 상점을 대체할 것이라고 생각하나요? 왜 그렇게 생각하나요?

답변 템플릿

도입	시대가 발전함에 따라, OOO이 생겨났습니다. 새로운 시대의 산물인 OOO의 강점은 말하지 않아도 모두가 알 것입니다. 그러나 저는 개인적으로 OOO과 OOO은 각각 장점이 있고 OOO은 결코 OOO을 대체할 리 없다고 생각합니다.
전개	이유는 다음과 같습니다. 첫째 OOO입니다. 왜냐하면 OOO 때문입니다. 둘째는 OOO입니다. 이외에도 OOO이 있습니다.
마무리	종합하자면, 저는 OOO은 OOO을 대체할 수 없고, OOO은 사라지지 않을 것이라고 생각합니다.

음원을 들으면서 빈칸을 채우고, 모범 답변을 큰 소리로 따라 연습하세요. 

随着时代的发展，______/应运而生。作为/新时代的产物，______的优势/是不言而喻的。但是/我个人认为，______和______/各有各的优势，______/绝对不会取代/______。我的理由/如下：______/比较方便，我们随时随地/都可以______，但是，如果是/______。因为实体店/可以试穿，而______。另外，______。综上所述，我认为/______/无法取代的，______/是不会消失的。

핵심 키워드: 网店, 实体店, 各有, 优势, 方便, 适合, 试穿, 亲自, 挑选, 新鲜

실력 다지기 실전 테스트

HSKK 중국어 말하기 시험 준비 시간: 2분 30초, 답변 시간: 2분 30초

第三部分：第5题，回答问题。

5. 有人选择贷款买房，有人选择存款买房，你会选择哪种方式？为什么？（2.5分钟）

나만의 답변 만들기

12 명언, 속담에 대한 견해

빈출 질문

명언이나 속담, 또는 사자성어에 대한 견해를 묻는 질문도 많이 출제된다. 관련 질문에서는 본인의 견해를 명확하게 언급하고, 그렇게 생각하는 이유를 함께 제시하는 것이 좋다.

❶ 속담에 대한 견해

俗话说“沉默是金”，你怎么看？为什么？

'침묵은 금이다'라는 속담에 대해 당신은 어떻게 생각하나요? 왜 그렇게 생각하나요?

❷ 명언에 대한 견해

中国人认为“谦虚是一种美德”，你是否这样认为？为什么？

중국인은 '겸손은 일종의 미덕이다'라고 여기는데, 당신은 그렇게 생각하나요? 왜 그렇게 생각하나요?

필수 어휘

음원을 들으며 제시된 단어를 익혀 보세요.

단어	병음	뜻
沉默	chénmò	동 침묵하다 명 침묵
道理	dàolǐ	명 도리, 이치
言多必失	yánduō bìshī	성어 말이 많으면 실수하기 쉽다
情况	qíngkuàng	명 상황, 상태
也许	yěxǔ	부 아마도
陷入	xiànrù	동 (불리한 상황에) 빠지다, 몰두하다
困境	kùnjìng	명 곤경, 궁지

否定	fǒudìng	동 부정하다, 반대하다
一概而论	yīgài'érlùn	성어 일률적으로 논하다
根据	gēnjù	동 근거하다, 따르다 명 근거
具体	jùtǐ	형 구체적이다
理智	lǐzhì	형 이성적이다, 이지적이다
判断	pànduàn	동 판단하다
谦虚	qiānxū	형 겸손하다, 겸허하다
美德	měidé	명 미덕, 좋은 품성
承认	chéngrèn	동 인정하다, 시인하다
品格	pǐngé	명 성품, 품격
不断	búduàn	부 끊임없이, 부단히
过度	guòdù	형 과도하다, 지나치다
显得	xiǎnde	동 ~하게 보이다, 드러나다
虚伪	xūwěi	형 위선적이다 명 위선, 허위, 거짓
讽刺	fěngcì	동 풍자하다
真诚	zhēnchéng	형 진실하다, 성실하다
掌握	zhǎngwò	동 파악하다, 장악하다
尺度	chǐdù	명 척도, 표준

5개 핵심 키워드

질문을 보고 대답하세요.

❶ 俗话说"沉默是金"，你怎么看？为什么？
'침묵은 금이다'라는 속담에 대해 당신은 어떻게 생각하나요? 왜 그렇게 생각하나요?

핵심 키워드로 브레인스토밍하기

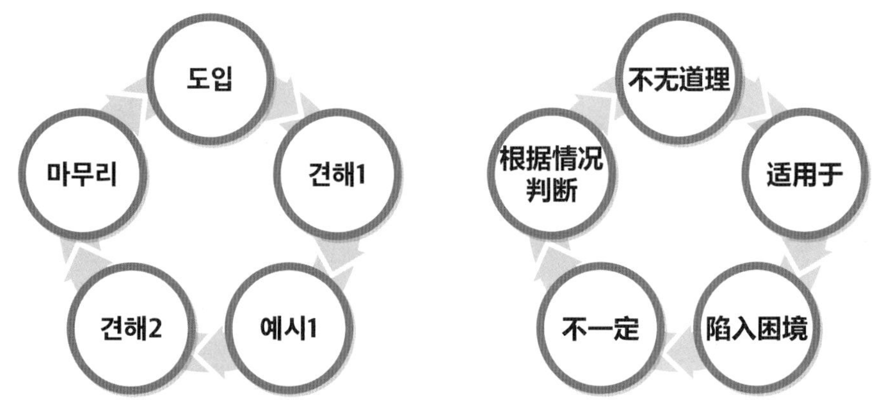

5개 필수 문장

5개의 필수 문장을 익혀 보세요.

필수 패턴1

不无道理　　일리가 없지 않다, 어느 정도 일리가 있다

예시 俗话说"言多必失"，这句话不无道理。
속담에 '말이 많으면 반드시 실수한다'는 말이 있는데, 어느 정도 일리가 있다.

1 俗话说"沉默是金"，这句话不无道理。
Súhuà shuō "chénmò shì jīn", zhè jù huà bù wú dàolǐ.
'침묵은 금'이라는 말은 어느 정도 일리가 있습니다.

2 我认为“沉默是金”适用于以下几种情况。

Wǒ rènwéi “chénmò shì jīn” shìyòng yú yǐxià jǐ zhǒng qíngkuàng.

저는 ‘침묵은 금’은 다음과 같은 상황에 적용된다고 생각합니다.

3 第一种情况是，有些话说出来也许会让我们陷入困境，这时沉默是最好的。

Dì yī zhǒng qíngkuàng shì, yǒuxiē huà shuō chūlai yěxǔ huì ràng wǒmen xiànrù kùnjìng, zhè shí chénmò shì zuìhǎo de.

첫 번째 상황은, 어떤 말을 했을 때 우리가 곤경에 빠질 수도 있는데, 이때는 침묵이 가장 좋습니다.

4 但是沉默一定是金吗？答案当然是否定的。我认为也有不应该沉默的情况。

Dànshì chénmò yídìng shì jīn ma? Dá'àn dāngrán shì fǒudìng de. Wǒ rènwéi yě yǒu bù yīnggāi chénmò de qíngkuàng.

그러나 침묵은 반드시 금일까요? 답은 당연히 ‘아니다’입니다. 저는 침묵하지 말아야 하는 상황이 있다고 생각합니다.

필수 패턴2

综上所述 앞서 말한 내용을 종합하면~

예시 综上所述，我认为言多不一定必失。

종합하여 보면, 나는 말이 많다고 해서 반드시 실수하는 것은 아니라고 생각한다.

5 综上所述，我认为沉默是不是金不能一概而论，要根据具体的情况，做出理智的判断。

Zōng shàng suǒ shù, wǒ rènwéi chénmò shì bu shì jīn bù néng yígài'érlùn, yào gēnjù jùtǐ de qíngkuàng, zuòchū lǐzhì de pànduàn.

종합하면, 저는 침묵이 금인지 아닌지 하나의 개념으로 논할 수 없다고 생각합니다. 구체적인 상황에 따라 이성적인 판단을 해야 합니다.

모범 답변 확인하기

음원을 들으면서 모범 답변을 큰 소리로 따라 연습하세요. MP3 12-2

俗话说/“沉默是金”，这句话/不无道理。我认为/“沉默是金” 适用于/以下几种情况。
Súhuà shuō “chénmò shì jīn”, zhè jù huà bù wú dàolǐ. Wǒ rènwéi “chénmò shì jīn” shìyòng yú yǐxià jǐ zhǒng qíngkuàng.

第一种情况是，有些话说出来/也许会/让我们/陷入困境，这时/沉默/是最好的。
Dì yī zhǒng qíngkuàng shì, yǒuxiē huà shuō chūlai yěxǔ huì ràng wǒmen xiànrù kùnjìng, zhè shí chénmò shì zuìhǎo de.

第二种情况是，有时候说出来/也许会/让对方/受伤，这时/我们也应该/沉默，不要/乱说话。
Dì èr zhǒng qíngkuàng shì, yǒushíhou shuō chūlai yěxǔ huì ràng duìfāng shòushāng, zhè shí wǒmen yě yīnggāi chénmò, bú yào luàn shuōhuà.

但是/沉默一定是金吗？答案当然是/否定的。我认为/也有不应该/沉默的情况。
Dànshì chénmò yídìng shì jīn ma? Dá'àn dāngrán shì fǒudìng de. Wǒ rènwéi yě yǒu bù yīnggāi chénmò de qíngkuàng.

比如/在面对/原则问题时，我认为/就不能沉默，要有勇气/站出来表达/自己的想法。
Bǐrú zài miànduì yuánzé wèntí shí, wǒ rènwéi jiù bù néng chénmò, yào yǒu yǒngqì zhàn chūlai biǎodá zìjǐ de xiǎngfǎ.

综上所述，我认为/沉默是不是金/不能一概而论，要根据/具体的情况，做出/理智的判断。
Zōng shàng suǒ shù, wǒ rènwéi chénmò shì bu shì jīn bù néng yígài'érlùn, yào gēnjù jùtǐ de qíngkuàng, zuòchū lǐzhì de pànduàn.

해석 '침묵은 금'이라는 말은 어느 정도 일리가 있습니다. 저는 '침묵은 금'은 다음과 같은 상황에 적용된다고 생각합니다. 첫 번째 상황은, 어떤 말을 했을 때 우리가 곤경에 빠질 수도 있는데, 이럴 때는 침묵이 가장 좋습니다. 두 번째 상황은, 가끔 어떤 말을 하면 상대방이 상처를 받을 수도 있는데, 이때에도 우리는 침묵해야 하고, 함부로 말하지 말아야 합니다. 그러나 침묵은 반드시 금일까요? 답은 당연히 '아니다'입니다. 저는 침묵하지 말아야 하는 상황이 있다고 생각합니다. 예를 들어 원칙적인 문제에 직면했을 때 침묵해서는 안 되며, 용기 있게 나서서 자신의 생각을 표현해야 한다고 생각합니다. 종합하면, 저는 침묵이 금인지 아닌지 하나의 개념으로 논할 수 없다고 생각합니다. 구체적인 상황에 따라 이성적인 판단을 해야 합니다.

나만의 DIY 답변

답변 템플릿을 참고하여 스스로 나만의 답변을 만들어 보세요.

俗话说"言多必失"，你怎么看？为什么？(2.5分钟)
'말이 많으면 반드시 실수한다'라는 속담에 대해 당신은 어떻게 생각하나요? 왜 그렇게 생각하나요?

답변 템플릿

도입	'OOO'이라는 말은 어느 정도 일리가 있습니다. 이 말은 OOO을 의미합니다.
전개	예를 들면, OOO한 상황에서는 적용이 됩니다. 그러나 반드시 OOO하는 것일까요? 답은 당연히 '아니다'입니다. 저는 OOO한 상황이 있다고 생각합니다. 예를 들면 OOO입니다.
마무리	종합하면, 저는 OOO은 꼭 그런 것은 아니라고 생각합니다. 구체적인 상황에 따라 이성적인 판단을 해야 합니다.

음원을 들으면서 빈칸을 채우고, 모범 답변을 큰 소리로 따라 연습하세요. MP3 12-3

俗话说/"　　　　"，这句话/不无道理。它的意思是/　　　　　　。比如说，　　　　　　　　　　　　　　　　。但是/　　　　吗？答案当然是/否定的。我认为/也有　　　　的情况。比如说/　　　　　　　　　　　　　　　　。综上所述，我认为/言多不一定必失，要根据/具体的情况，做出/理智的判断。

핵심 키워드: 不无道理, 提醒, 倾听, 强调, 产生反感, 观点, 不一致, 讨论

실력 다지기 실전 테스트

HSKK 중국어 말하기 시험 준비 시간: 2분 30초, 답변 시간: 2분 30초

第三部分：第5题，回答问题。

5. 中国人认为“谦虚是一种美德”，你是否这样认为？为什么？（2.5分钟）

나만의 답변 만들기

제3부분 | 질문에 대답하기

13 사회 이슈

빈출 질문

HSKK 고급에서는 청소년 관련 문제, 저출산 관련 문제, 환경 문제 등 최근 사회 이슈에 대한 견해를 묻는 질문이 자주 출제된다. 최근 사회 이슈를 파악하고 그에 대한 자신의 생각을 정리해 두면 답변할 때 많은 도움이 된다.

❶ 청소년 관련 문제

谈谈你对"中学生炒股"的看法。

'중학생 주식 투자'에 대한 당신의 생각을 말해 보세요.

❷ 저출산 관련 문제

最近"丁克族"越来越多，谈谈你对"丁克族"的看法。

최근 '딩크족'이 점점 늘고 있는데, '딩크족'에 대한 당신의 생각을 말해 보세요.

필수 어휘

음원을 들으며 제시된 단어를 익혀 보세요. 

단어	병음	뜻
炒股	chǎogǔ	동 주식 투자하다
颇具	pōjù	부 꽤, 자못
争议	zhēngyì	동 논쟁하다
话题	huàtí	명 화제
分析	fēnxī	동 분석하다
反对	fǎnduì	동 반대하다
年龄	niánlíng	명 나이, 연령

成熟	chéngshú	형 성숙하다
浮躁	fúzào	형 경솔하다, 경박하다
赔	péi	동 손해를 보다, 밑지다
打击	dǎjī	명 타격 동 타격을 주다
严重	yánzhòng	형 심각하다
情绪	qíngxù	명 정서, 기분, 감정
盲目	mángmù	형 맹목적이다
支持	zhīchí	동 지지하다, 찬성하다
创业	chuàngyè	동 창업하다
丁克族	dīngkèzú	명 딩크족
人各有志	réngè yǒuzhì	성어 사람마다 자신의 생각이 있다, 사람마다 지향하는 것이 다르다
所谓	suǒwèi	형 소위, 이른바, ~란
强加	qiángjiā	동 강요하다, 강압하다
自由	zìyóu	명 자유
举例	jǔlì	동 예를 들다
年薪	niánxīn	명 연봉
决定	juédìng	동 결정하다
责任	zérèn	명 책임
评价	píngjià	동 평가하다
尊重	zūnzhòng	동 존중하다

5개 핵심 키워드

질문을 보고 대답하세요.

❶ 谈谈你对"中学生炒股"的看法。
'중학생 주식 투자'에 대한 당신의 생각을 말해 보세요.

핵심 키워드로 브레인스토밍하기

5개 필수 문장

5개의 필수 문장을 익혀 보세요.

필수 패턴1

颇具争议　　논란이 많다, 논란의 여지가 있다

예시 说到游学，这一直是一个颇具争议的话题。
어학 연수에 대해 말하자면, 이것은 줄곧 매우 논란이 많은 주제이다.

1 说到中学生炒股，这一直是一个颇具争议的话题。
Shuōdào zhōngxuéshēng chǎogǔ, zhè yìzhí shì yí ge pōjù zhēngyì de huàtí.
중학생의 주식 투자에 관한 것은 항상 논란이 많은 주제였습니다.

필수 패턴2

具体问题应该具体分析 구체적인 상황에 따라 문제를 분석해야 한다

예시 这个问题不能一概而论，具体问题应该具体分析。
이 문제는 일률적으로 논할 수 없고, 구체적인 상황에 따라 문제를 분석해야 한다.

2 虽然每个孩子的情况都不一样，具体问题应该具体分析，但是总的来说，我反对中学生炒股。
Suīrán měi ge háizi de qíngkuàng dōu bù yíyàng, jùtǐ wèntí yīnggāi jùtǐ fēnxī, dànshì zǒng de lái shuō, wǒ fǎnduì zhōngxuéshēng chǎogǔ.
비록 아이마다 상황이 달라서, 문제에 따라 다르게 분석해야 하지만, 전반적으로 저는 중학생이 주식 투자하는 것을 반대합니다.

3 中学生年龄还小，心理并不成熟，通过炒股赚到了钱会让他们变得很浮躁，于是不想努力学习。
Zhōngxuéshēng niánlíng hái xiǎo, xīnlǐ bìng bù chéngshú, tōngguò chǎogǔ zhuàndào le qián huì ràng tāmen biànde hěn fúzào, yúshì bù xiǎng nǔlì xuéxí.
중학생은 아직 어리고 심리적으로 성숙하지 않아, 주식으로 돈을 벌면 들뜨게 되고, 공부를 열심히 하고 싶지 않을 수 있습니다.

4 其次，一旦炒股赔了钱，他们就会受到很大的打击，从而严重影响学习的情绪。
Qícì, yídàn chǎogǔ péi le qián, tāmen jiù huì shòudào hěn dà de dǎjī, cóng'ér yánzhòng yǐngxiǎng xuéxí de qíngxù.
다음으로, 일단 주식으로 돈을 잃게 되면, 그들은 큰 타격을 입게 되어 학습 정서에 심각한 영향을 미치게 됩니다.

5 综上所述，我认为我们不应该盲目地支持中学生炒股。
Zōng shàng suǒ shù, wǒ rènwéi wǒmen bù yīnggāi mángmù de zhīchí zhōngxuéshēng chǎogǔ.
요약하면, 우리는 중학생들의 주식 투자를 맹목적으로 지지해서는 안 된다고 생각합니다.

모범 답변 확인하기

음원을 들으면서 모범 답변을 큰 소리로 따라 연습하세요.

说到/中学生炒股，这一直是一个/颇具争议的话题。
Shuōdào zhōngxuéshēng chǎogǔ, zhè yìzhí shì yí ge pōjù zhēngyì de huàtí.

虽然/每个孩子的情况/都不一样，具体问题/应该具体分析，但是总的来说，我反对/中学生炒股。
Suīrán měi ge háizi de qíngkuàng dōu bù yíyàng, jùtǐ wèntí yīnggāi jùtǐ fēnxī, dànshì zǒng de lái shuō, wǒ fǎnduì zhōngxuéshēng chǎogǔ.

理由如下：首先，中学生/年龄还小，心理并不/成熟，通过炒股/赚到了钱/会让他们变得/很浮躁，于是/不想努力学习。
Lǐyóu rúxià: shǒuxiān, zhōngxuéshēng niánlíng hái xiǎo, xīnlǐ bìng bù chéngshú, tōngguò chǎogǔ zhuàndào le qián huì ràng tāmen biàn de hěn fúzào, yúshì bù xiǎng nǔlì xuéxí.

其次，虽然大部分学生/都是拿很少的钱/来炒股，但是/一旦炒股/赔了钱，他们就会受到/很大的打击，从而严重影响/学习的情绪。
Qícì, suīrán dàbùfen xuésheng dōu shì ná hěn shǎo de qián lái chǎogǔ, dànshì yídàn chǎogǔ péi le qián, tāmen jiù huì shòudào hěn dà de dǎjī, cóng'ér yánzhòng yǐngxiǎng xuéxí de qíngxù.

另外，炒股和赌博/差不多，一旦开始/就很难停手，而且容易让人/产生不劳而获的/想法。
Lìngwài, chǎogǔ hé dǔbó chàbuduō, yídàn kāishǐ jiù hěn nán tíngshǒu, érqiě róngyì ràng rén chǎnshēng bùláo'érhuò de xiǎngfǎ.

综上所述，我认为/我们不应该/盲目地支持/中学生炒股。
Zōng shàng suǒ shù, wǒ rènwéi wǒmen bù yīnggāi mángmù de zhīchí zhōngxuéshēng chǎogǔ.

해석 중학생의 주식 투자에 관한 것은 항상 논란이 많은 주제였습니다. 비록 아이마다 상황이 달라서, 문제에 따라 다르게 분석해야 하지만, 전반적으로 저는 중학생이 주식 투자하는 것을 반대합니다. 이유는 다음과 같습니다. 우선 중학생은 아직 어리고 심리적으로 성숙하지 않아, 주식으로 돈을 벌면 들뜨게 되고, 공부를 열심히 하고 싶지 않을 수 있습니다. 다음으로, 비록 대부분의 학생들은 아주 적은 돈으로 주식 투자를 시작하지만, 일단 주식으로 돈을 잃게 되면, 그들은 큰 타격을 입게 되어, 학습 정서에 심각한 영향을 미치게 됩니다. 또한, 주식 투자는 도박과 비슷하여 한 번 시작하면 멈추기 어렵고, 게다가 일하지 않고 얻고 싶어 하는 마음이 생기기 쉽도록 합니다. 요약하면, 저는 중학생들의 주식 투자를 맹목적으로 지지해서는 안 된다고 생각합니다.

나만의 DIY 답변

답변 템플릿을 참고하여 스스로 나만의 답변을 만들어 보세요.

你支持"大学生创业"吗？为什么？(2.5分钟)

당신은 '대학생 창업'에 대해 지지하나요? 왜 그렇게 생각하나요?

답변 템플릿

도입	OOO에 관한 것은 항상 논란이 많은 주제였습니다. 비록 학생마다 상황이 달라서, 문제에 따라 다르게 분석해야 하지만, 전반적으로 저는 OOO하는 것을 OOO합니다.
전개	이유는 다음과 같습니다. 우선 OOO 때문입니다. 둘째, OOO 때문입니다. 또한, OOO 때문입니다. (추가로 각 이유에 대한 보충 설명)
마무리	종합하면, 저는 OOO을 서두르지 말아야 한다고 생각합니다.

음원을 들으면서 빈칸을 채우고, 모범 답변을 큰 소리로 따라 연습하세요. 

说到/＿＿＿＿，这一直是一个/颇具争议的话题。虽然/每个学生的情况/都不一样，具体问题/应该具体分析，但是总的来说，＿＿＿＿，理由如下：首先，＿＿＿/年龄还小，心理并不/成熟，＿＿＿＿＿＿＿＿＿＿＿＿＿＿＿＿。其次，虽然大部分学生/＿＿＿＿＿＿＿＿＿＿＿＿＿＿＿＿＿＿＿＿＿＿＿＿。另外，＿＿＿＿＿＿＿＿。综上所述，我认为/创业不应该＿＿＿＿＿＿＿＿＿＿＿＿＿＿＿＿＿＿＿。

핵심 키워드: 创业, 反对, 年龄, 不成熟, 浮躁, 狂妄自大, 失败, 打击, 经验

실력 다지기 실전 테스트

HSKK 중국어 말하기 시험 준비 시간: 2분 30초, 답변 시간: 2분 30초

第三部分：第5题，回答问题。

5. 最近“丁克族”越来越多，谈谈你对“丁克族”的看法。（2.5分钟）

나만의 답변 만들기

제3부분 | 질문에 대답하기

14 일상 생활

빈출 질문

일상 생활 관련 주제에서는 취미나 여가 생활, 첫인상, 가족 관계 또는 음식이나 생활 습관 등 다양한 주제와 관련된 질문이 출제된다.

❶ **세대 차이에 대한 견해**
你觉得你和父母有代沟吗？在哪方面有代沟？
당신은 부모님과 세대 차이가 있다고 생각하나요? 어떤 면에서 세대 차이가 있나요?

❷ **첫인상에 대한 견해**
你觉得第一印象重要吗？为什么？
당신은 첫인상이 중요하다고 생각하나요? 왜 그렇게 생각하나요?

필수 어휘

음원을 들으며 제시된 단어를 익혀 보세요.

단어	병음	뜻
代沟	dàigōu	명 세대 차이
理所当然	lǐsuǒ dāngrán	성어 당연하다, 도리로 보아 당연하다
重视	zhòngshì	동 중시하다
享受	xiǎngshòu	동 즐기다, 누리다
强调	qiángdiào	동 강조하다
吃苦	chīkǔ	동 고생하다, 고생을 견뎌 내다
打骂	dǎ mà	동 때리고 욕하다

肯定	kěndìng	부 확실히, 틀림없이 동 인정하다, 긍정하다
相同	xiāngtóng	형 서로 같다, 똑같다
印象	yìnxiàng	명 인상
事实胜于雄辩	shìshí shèngyú xióngbiàn	성어 사실이 웅변보다 설득력이 있다
雄辩	xióngbiàn	형 설득력 있다 명 웅변
证明	zhèngmíng	동 증명하다
面试	miànshì	명 면접
靠	kào	동 기대다, 의지하다, ~에 근거하다
建设	jiànshè	동 건설하다, 세우다
良好	liánghǎo	형 좋다, 양호하다
深刻	shēnkè	형 깊다, 심오하다
提醒	tíxǐng	동 일깨우다, 귀띔하다 명 알림, 알람

5개 핵심 키워드

질문을 보고 대답하세요.

❶ 你觉得你和父母有代沟吗？在哪方面有代沟？

당신은 부모님과 세대 차이가 있다고 생각하나요? 어떤 면에서 세대 차이가 있나요?

핵심 키워드로 브레인스토밍하기

5개 필수 문장

5개의 필수 문장을 익혀 보세요.

필수 패턴1

理所当然　　당연하다, 도리로 보아 당연하다

예시 我和父母不是一个年代的人，想法不同是理所当然的。

나와 부모님은 한 세대가 아니기에, 생각이 다른 것은 당연하다.

1 我和父母不是一个年代的人，有代沟是理所当然的。我来举例说说我和父母在哪些方面有代沟。

Wǒ hé fùmǔ bú shì yí ge niándài de rén, yǒu dàigōu shì lǐsuǒ dāngrán de. Wǒ lái jǔ lì shuōshuo wǒ hé fùmǔ zài nǎxiē fāngmiàn yǒu dàigōu.

저와 부모님은 한 세대가 아니기에, 세대 차이가 있는 것은 당연합니다. 제가 예를 들어 부모님과 어떤 점에서 세대 차이가 있는지 말해보겠습니다.

2 比如说，我的父母不喜欢让我玩儿手机，而我却喜欢在家里玩儿手机，所以在这方面我们有代沟。

Bǐrú shuō, wǒ de fùmǔ bù xǐhuan ràng wǒ wánr shǒujī, ér wǒ què xǐhuan zài jiā li wánr shǒujī, suǒyǐ zài zhè fāngmiàn wǒmen yǒu dàigōu.

예를 들어, 우리 부모님은 제가 휴대 전화를 하고 노는 것을 싫어하시지만, 저는 집에서 휴대 전화를 하고 노는 것을 좋아합니다. 이런 점에서 세대 차이가 있습니다.

3 再比如说，我重视享受生活，而我的父母却更爱强调吃苦，在这方面我们也有代沟。

Zài bǐrú shuō, wǒ zhòngshì xiǎngshòu shēnghuó, ér wǒ de fùmǔ què gèng ài qiángdiào chīkǔ, zài zhè fāngmiàn wǒmen yě yǒu dàigōu.

또 예를 들면, 저는 삶을 즐기는 것을 중시하지만, 우리 부모님은 고생하는 것을 더 강조하십니다. 이런 점에서도 세대 차이가 있습니다.

필수 패턴2

除此以外…… 이것 이외에~, 이 밖에~

예시 除此以外，我们还在很多地方都有代沟。

이 외에도 우리는 많은 부분에서 세대 차이가 있다.

4 除此以外，我父母小的时候被父母打骂是很正常的事，但是现在不能打骂孩子。

Chúcǐ yǐwài, wǒ fùmǔ xiǎo de shíhou bèi fùmǔ dǎ mà shì hěn zhèngcháng de shì, dànshì xiànzài bù néng dǎ mà háizi.

이 외에, 우리 부모님이 어렸을 때는 부모님께 매를 맞고 혼나는 것은 정상적인 일이었지만, 지금은 아이를 때려서는 안 됩니다.

5 其实，我觉得父母和孩子之间肯定是有代沟的，但是只要我们承认代沟的存在，互相多沟通的话，代沟问题不是什么解决不了的问题。

Qíshí, wǒ juéde fùmǔ hé háizi zhījiān kěndìng shì yǒu dàigōu de, dànshì zhǐyào wǒmen chéngrèn dàigōu de cúnzài, hùxiāng duō gōutōng dehuà, dàigōu wèntí bú shì shénme jiějué bù liǎo de wèntí.

사실, 저는 부모와 아이 사이에 분명히 세대 차이가 있다고 생각합니다. 그러나 우리가 세대 차이의 존재를 인정하고 서로 많이 소통하면, 세대 차이는 해결할 수 없는 문제가 아닙니다.

모범 답변 확인하기

음원을 들으면서 모범 답변을 큰 소리로 따라 연습하세요. MP3 14-2

我和父母不是/一个年代的人，有代沟/是理所当然的。
Wǒ hé fùmǔ bú shì yí ge niándài de rén, yǒu dàigōu shì lǐsuǒ dāngrán de.

我来举例说说/我和父母/在哪些方面/有代沟。
Wǒ lái jǔlì shuōshuo wǒ hé fùmǔ zài nǎxiē fāngmiàn yǒu dàigōu.

比如说，我的父母不喜欢/让我/玩儿手机，而我却/喜欢在家里/玩儿手机，所以/在这方面/我们有代沟。
Bǐrú shuō, wǒ de fùmǔ bù xǐhuan ràng wǒ wánr shǒujī, ér wǒ què xǐhuan zài jiā li wánr shǒujī, suǒyǐ zài zhè fāngmiàn wǒmen yǒu dàigōu.

再比如说，我重视/享受生活，而我的父母却/更爱强调/吃苦，在这方面/我们也有代沟。
Zài bǐrú shuō, wǒ zhòngshì xiǎngshòu shēnghuó, ér wǒ de fùmǔ què gèng ài qiángdiào chīkǔ, zài zhè fāngmiàn wǒmen yě yǒu dàigōu.

除此以外，我父母小的时候/被父母打骂/是很正常的事，但是/现在不能/打骂孩子，在这方面/我们也有代沟。
Chúcǐ yǐwài, wǒ fùmǔ xiǎo de shíhou bèi fùmǔ dǎ mà shì hěn zhèngcháng de shì, dànshì xiànzài bù néng dǎ mà háizi, zài zhè fāngmiàn wǒmen yě yǒu dàigōu.

其实，我觉得/父母和孩子之间/肯定是有代沟的，
Qíshí, wǒ juéde fùmǔ hé háizi zhījiān kěndìng shì yǒu dàigōu de,

但是/只要我们承认/代沟的存在，互相多沟通/的话，代沟问题/不是什么解决不了/的问题。
dànshì zhǐyào wǒmen chéngrèn dàigōu de cúnzài, hùxiāng duō gōutōng dehuà, dàigōu wèntí bú shì shénme jiějué bù liǎo de wèntí.

해석 저와 부모님은 한 세대가 아니기에, 세대 차이가 있는 것은 당연합니다. 제가 예를 들어 부모님과 어떤 점에서 세대 차이가 있는지 말해보겠습니다. 예를 들어, 우리 부모님은 제가 휴대 전화를 하고 노는 것을 싫어하시지만, 저는 집에서 휴대 전화를 하고 노는 것을 좋아합니다. 이런 점에서 세대 차이가 있습니다. 또 예를 들면, 저는 삶을 즐기는 것을 중시하지만, 우리 부모님은 고생하는 것을 더 강조하십니다. 이런 점에서도 세대 차이가 있습니다. 이 외에, 우리 부모님이 어렸을 때는 부모님께 매를 맞고 혼나는 것은 정상적인 일이었지만, 지금은 아이를 때려서는 안 됩니다. 이런 점에서도 우리는 세대 차이가 있습니다. 사실, 저는 부모와 아이 사이에 분명히 세대 차이가 있다고 생각합니다. 그러나 우리가 세대 차이의 존재를 인정하고, 서로 많이 소통하면, 세대 차이는 해결할 수 없는 문제가 아닙니다.

나만의 DIY 답변

답변 템플릿을 참고하여 스스로 나만의 답변을 만들어 보세요.

你觉得自己和父母那一代人有什么相同和不同的地方？(2.5分钟)

당신은 자신과 부모 세대의 공통점과 차이점이 무엇이라고 생각하나요?

답변 템플릿

도입	저와 부모님은 한 세대가 아니기에, 다른 부분이 있는 것은 당연합니다. 제가 예를 들어 부모님과 어떤 부분에서 서로 다른지에 대해 말해보겠습니다.
전개	예를 들어, 부모님은 어릴 때 OOO이 없었습니다. 그래서 부모님은 제가 OOO하는 것을 싫어하지만, 저는 OOO하는 것을 좋아합니다. 이런 점에서 저와 부모님은 생각의 차이가 있습니다. 또 예를 들면, 저는 OOO하는 것을 중시하지만, 부모님은 OOO하는 것을 더 강조하십니다. 이런 점에서도 차이가 있습니다. 이 외에, 우리 부모님이 어렸을 때는 OOO하는 것이 당연한 일이었지만, 지금은 아닙니다. 이런 점에서도 우리의 생각은 서로 다릅니다.
마무리	비록 우리는 OOO하지만, 서로 이해하려고 노력합니다.

음원을 들으면서 빈칸을 채우고, 모범 답변을 큰 소리로 따라 연습하세요. 

我和父母不是/一个年代的人，有＿＿＿＿/是理所当然的。我来举例说说/我和父母/在哪些方面/不同。比如说，我的父母/小时候没有/＿＿＿＿，所以他们＿＿＿＿＿＿＿＿，而我却/喜欢＿＿＿＿＿＿，在这方面/我和父母的想法/很不同。再比如说，我重视/＿＿＿＿，而我的父母却＿＿＿＿＿＿＿＿，在这方面/我们也很不同。除此以外，我父母小的时候/＿＿＿＿＿＿＿＿，但是/现在不能/＿＿＿＿，在这方面/我们的想法/也不同。虽然/我们有很多/不同的地方，但是/我们＿＿＿＿＿＿。

핵심 키워드: 不同, 小时候, 没有手机, 外面, 享受, 吃苦, 被打骂, 正常, 努力

실력 다지기 실전 테스트

HSKK 중국어 말하기 시험 준비 시간: 2분 30초, 답변 시간: 2분 30초

第三部分：第5题，回答问题。

5. 你觉得第一印象重要吗？为什么？（2.5分钟）

나만의 답변 만들기

제3부분 | 질문에 대답하기

15 운동, 건강

빈출 질문

운동이나 건강 관련 질문도 자주 출제되므로 반드시 대비해 두어야 한다. 특히, 평소 운동 습관이나 다이어트 경험, 자신만의 스트레스 해소법 등에 대한 답변을 미리 준비해 두는 것이 좋다.

❶ 운동 방법과 루틴

介绍一下你是如何锻炼身体的。

당신은 어떻게 운동하는지 소개해 주세요.

❷ 스트레스 해소 방법

遇到压力时，你是如何缓解的？

스트레스를 받을 때, 당신은 어떻게 해소하나요?

필수 어휘

음원을 들으며 제시된 단어를 익혀 보세요.

단어	병음	뜻
如何	rúhé	㉹ 어떻게, 어떤, 어째서
有氧运动	yǒuyǎng yùndòng	㉹ 유산소 운동
无氧运动	wúyǎng yùndòng	㉹ 무산소 운동
深蹲	shēndūn	㉹ 스쾃, 스쿼트
慢跑	mànpǎo	㉹ 조깅, 천천히 달리기
有助于	yǒuzhùyú	~에 도움이 되다, ~에 유용하다
燃烧	ránshāo	㉿ 연소하다, 태우다

脂肪	zhīfáng	명 지방
减肥	jiǎnféi	명 다이어트 동 다이어트 하다, 살을 빼다
暂时	zànshí	명 잠시, 잠깐
烦恼	fánnǎo	명 걱정, 번뇌 동 걱정하다, 마음을 졸이다
缓解	huǎnjiě	동 완화시키다
肌肉	jīròu	명 근육
含量	hánliàng	명 함량
力量	lìliàng	명 힘
难免	nánmiǎn	형 불가피하다, 피하기 어렵다
调整	tiáozhěng	동 조절하다, 조정하다
目标	mùbiāo	명 목표
转移	zhuǎnyí	동 옮기다, 이동하다, 전이하다
注意力	zhùyìlì	명 주의력
控制	kòngzhì	동 통제하다, 억제하다

5개 핵심 키워드

질문을 보고 대답하세요.

❶ 介绍一下你是如何锻炼身体的。
당신은 어떻게 운동하는지 소개해 주세요.

핵심 키워드로 브레인스토밍하기

5개 필수 문장

5개의 필수 문장을 익혀 보세요.

1 俗话说：“身体是革命的本钱”。只有身体好，我们才能好好工作。所以为了健康，我也经常锻炼身体。
Súhuà shuō: “shēntǐ shì gémìng de běnqián”. Zhǐyǒu shēntǐ hǎo, wǒmen cáinéng hǎohǎo gōngzuò. Suǒyǐ wèile jiànkāng, wǒ yě jīngcháng duànliàn shēntǐ.
‘몸은 혁명의 밑천’이라는 말이 있듯이, 건강해야 일을 잘할 수 있습니다. 그래서 건강을 위해, 저는 자주 운동을 합니다.

필수 패턴1

……之类的　　~같은, ~따위의

예시 我喜欢深蹲之类的无氧运动。 나는 스쿼트 같은 무산소 운동을 좋아한다.

2 首先，我喜欢慢跑之类的有氧运动。
Shǒuxiān, wǒ xǐhuan mànpǎo zhīlèi de yǒuyǎng yùndòng.
우선, 저는 조깅 같은 유산소 운동을 좋아합니다.

필수 패턴2

有助于…… ~에 도움이 되다, ~에 유용하다

예시 运动有助于身心健康。
운동은 몸과 마음 건강에 도움이 된다.

3 慢跑不但可以燃烧脂肪，有助于减肥，还可以让我暂时忘掉生活中的烦恼，缓解压力。
Mànpǎo búdàn kěyǐ ránshāo zhīfáng, yǒuzhùyú jiǎnféi, hái kěyǐ ràng wǒ zànshí wàngdiào shēnghuó zhōng de fánnǎo, huǎnjiě yālì.
조깅은 지방을 연소시켜 다이어트에 도움이 될 뿐만 아니라, 생활 속의 고민을 잠시 잊게 하고 스트레스를 완화시킵니다.

4 其次，我也喜欢深蹲之类的无氧运动。无氧运动有助于增加肌肉的含量和力量。
Qícì, wǒ yě xǐhuan shēndūn zhīlèi de wúyǎng yùndòng. Wúyǎng yùndòng yǒuzhùyú zēngjiā jīròu de hánliàng hé lìliàng.
다음으로, 저는 스쾃 같은 무산소 운동도 좋아합니다. 무산소 운동은 근육의 함량과 힘을 증가시키는데 도움이 됩니다.

5 总之，锻炼身体有很多方法，我觉得最重要的是要坚持。
Zǒngzhī, duànliàn shēntǐ yǒu hěn duō fāngfǎ, wǒ juéde zuì zhòngyào de shì yào jiānchí.
아무튼, 운동하는 방법은 매우 많은데, 무엇보다 꾸준히 하는 게 저는 가장 중요하다고 생각합니다.

모범 답변 확인하기

음원을 들으면서 모범 답변을 큰 소리로 따라 연습하세요. 

俗话说：“身体是/革命的本钱”。只有/身体好，我们才能/好好工作。
Súhuà shuō: "shēntǐ shì gémìng de běnqián". Zhǐyǒu shēntǐ hǎo, wǒmen cáinéng hǎohǎo gōngzuò.

所以/为了健康，我也经常/锻炼身体。首先，我喜欢/慢跑之类的/有氧运动。
Suǒyǐ wèile jiànkāng, wǒ yě jīngcháng duànliàn shēntǐ. Shǒuxiān, wǒ xǐhuan mànpǎo zhīlèi de yǒuyǎng yùndòng.

慢跑/不但可以/燃烧脂肪，有助于减肥，还可以/让我暂时忘掉/生活中的烦恼，缓解压力。
Mànpǎo búdàn kěyǐ ránshāo zhīfáng, yǒuzhùyú jiǎnféi, hái kěyǐ ràng wǒ zànshí wàngdiào shēnghuó zhōng de fánnǎo, huǎnjiě yālì.

其次，我也喜欢/深蹲之类的/无氧运动。无氧运动/有助于增加/肌肉的含量/和力量。
Qícì, wǒ yě xǐhuan shēndūn zhīlèi de wúyǎng yùndòng. Wúyǎng yùndòng yǒuzhùyú zēngjiā jīròu de hánliàng hé lìliàng.

另外，我还喜欢/踢足球。因为踢足球/不是个人运动，它需要/很多人一起运动。
Lìngwài, wǒ hái xǐhuan tī zúqiú. Yīnwèi tī zúqiú bú shì gèrén yùndòng, tā xūyào hěn duō rén yìqǐ yùndòng.

这不但能让我/锻炼身体，还能让我/交到很多朋友，可谓/一举两得。
Zhè búdàn néng ràng wǒ duànliàn shēntǐ, hái néng ràng wǒ jiāodào hěn duō péngyou, kěwèi yìjǔ liǎngdé.

总之，锻炼身体/有很多方法，我觉得/最重要的是/要坚持。
Zǒngzhī, duànliàn shēntǐ yǒu hěn duō fāngfǎ, wǒ juéde zuì zhòngyào de shì yào jiānchí.

해석 '몸은 혁명의 밑천'이라는 말이 있듯이, 건강해야 일을 잘할 수 있습니다. 그래서 건강을 위해, 저는 자주 운동을 합니다. 우선, 저는 조깅 같은 유산소 운동을 좋아합니다. 조깅은 지방을 연소시켜 다이어트에 도움이 될 뿐만 아니라, 생활 속의 고민을 잠시 잊게 하고 스트레스를 완화시킵니다. 다음으로, 저는 스쿼트 같은 무산소 운동도 좋아합니다. 무산소 운동은 근육의 함량과 힘을 증가시키는 데 도움이 됩니다. 이 외에 저는 축구하는 것도 좋아합니다. 왜냐하면 축구는 개인 운동이 아니라, 많은 사람들이 함께 운동해야 하기 때문입니다. 이것은 운동이 될 뿐만 아니라 많은 친구를 사귈 수 있어 일석이조라 할 수 있습니다. 아무튼, 운동하는 방법은 매우 많은데, 저는 무엇보다 꾸준히 하는 것이 가장 중요하다고 생각합니다.

나만의 DIY 답변

답변 템플릿을 참고하여 스스로 나만의 답변을 만들어 보세요.

介绍一下你喜欢的运动，并说说你为什么喜欢这项运动。(2.5分钟)
당신이 좋아하는 운동에 대해 소개해 주세요. 왜 그 운동을 좋아하는지도 함께 말해 주세요.

답변 템플릿

도입	'몸은 혁명의 밑천'이라는 말이 있듯이, 건강해야 일을 잘할 수 있습니다. 그래서 건강을 위해 저는 자주 운동합니다.
전개	첫째, 저는 ○○○ 같은 유산소 운동을 좋아합니다. ○○○ 운동은 지방을 연소시켜 다이어트에 도움이 될 뿐만 아니라, 생활 속의 고민을 잠시 잊게 하고 스트레스를 완화시킵니다. 다음으로, 저는 ○○○ 같은 무산소 운동도 좋아합니다. 무산소 운동은 근육의 함량과 힘을 증가시키는 데 도움이 됩니다. 이 외에 저는 ○○○하는 것도 좋아합니다. 왜냐하면 ○○○는 개인 운동이 아니라, 많은 사람들이 함께 운동해야 하기 때문입니다. 이것은 운동이 될 뿐만 아니라 많은 친구를 사귈 수 있어 일석이조라 할 수 있습니다.
마무리	아무튼, 운동은 몸과 마음 건강에 도움이 되므로 모두 운동하는 것을 추천합니다.

음원을 들으면서 빈칸을 채우고, 모범 답변을 큰 소리로 따라 연습하세요.

俗话说："＿＿＿＿＿"。只有/身体好，我们才能/好好工作。所以/＿＿＿＿＿。首先，我喜欢/＿＿＿＿/有氧运动。＿＿＿＿＿，还可以/让我暂时忘掉/生活中的烦恼，缓解压力。其次，我也喜欢/＿＿＿＿/无氧运动。无氧运动/有助于增加/肌肉的含量/和力量。另外，我还喜欢/＿＿＿。因为踢足球/＿＿＿＿＿，可谓/一举两得。总之，＿＿＿＿＿。

핵심 키워드: 慢跑, 有氧运动, 燃烧, 脂肪, 有助于, 深蹲, 无氧运动, 踢足球

실력 다지기 실전 테스트

HSKK 중국어 말하기 시험 준비 시간: 2분 30초, 답변 시간: 2분 30초

第三部分：第5题，回答问题。

5. 遇到压力时，你是如何缓解的？（2.5分钟）

나만의 답변 만들기

제3부분 | 질문에 대답하기

16 학교, 직장

빈출 질문

학업이나 유학, 교육 등에 대한 견해나 취업, 직장 생활과 관련된 질문도 자주 출제되는 주제이다.

❶ **조기 유학에 대한 견해**

你认为早期留学好处多还是坏处多？为什么？

당신은 조기 유학의 장점이 많다고 생각하나요, 단점이 많다고 생각하나요? 왜 그렇게 생각하나요?

❷ **바람직한 지도자에 대한 견해**

要成为一名合格的领导，需要具备哪些基本素质？为什么？

훌륭한 지도자가 되려면 어떤 기본 자질을 갖추어야 하나요? 왜 그렇게 생각하나요?

필수 어휘

음원을 들으며 제시된 단어를 익혀 보세요.

단어	병음	뜻
凡事	fán shì	명 모든 일, 만사
总体	zǒngtǐ	명 전체, 총체
孤独	gūdú	형 외롭다, 고독하다
容易	róngyì	형 쉽다, 용이하다
形成	xíngchéng	동 형성하다, 이루다
自闭	zìbì	형 내성적이다 동 자폐하다
性格	xìnggé	명 성격
目的	mùdì	명 목적

主动	zhǔdòng	형 능동적이다, 자발적이다
预期	yùqī	명 예기, 기대 동 예상하다
照顾	zhàogù	동 돌보다, 보살피다
自律性	zìlǜxìng	명 자율성
教育	jiàoyù	명 교육
反感	fǎngǎn	명 반감
领导	lǐngdǎo	명 지도자, 우두머리
素质	sùzhì	명 자질, 소양
组织	zǔzhī	동 조직하다, 구성하다 명 조직
协调	xiétiáo	동 협조하다, 조화하다, 조정하다
英明果断	yīngmíng guǒduàn	형 뛰어나게 슬기롭고 결단력 있다
带领	dàilǐng	동 인솔하다, 이끌다
与时俱进	yǔshí jùjìn	성어 시대와 더불어 발전하다, 시대의 변화에 따라 발전하다
倾听	qīngtīng	동 경청하다
自以为是	zìyǐwéishì	성어 독선적이다, 스스로 옳다고 여기다
事必躬亲	shìbìgōngqīn	성어 어떠한 일이라도 반드시 몸소 행하다
名副其实	míngfùqíshí	성어 명실상부하다

5개 핵심 키워드

질문을 보고 대답하세요.

❶ 你认为早期留学好处多还是坏处多？为什么？
당신은 조기 유학의 장점이 많다고 생각하나요, 단점이 많다고 생각하나요? 왜 그렇게 생각하나요?

핵심 키워드로 브레인스토밍하기

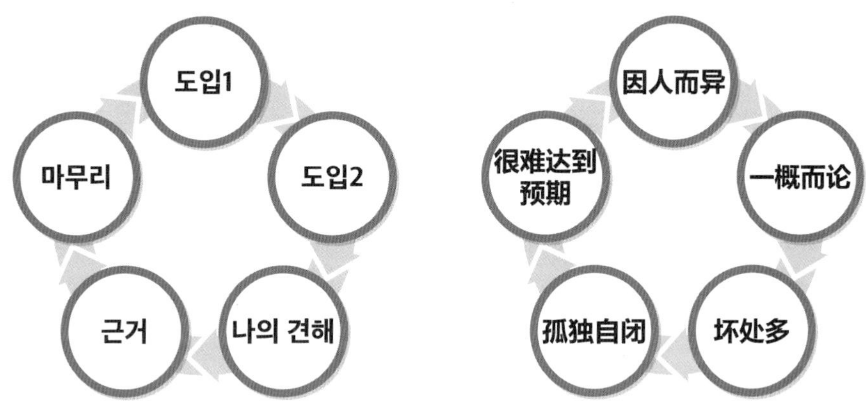

5개 필수 문장

5개의 필수 문장을 익혀 보세요.

1 凡事都是因人而异的，早期出国留学也是如此。
Fán shì dōu shì yīnrén'éryì de, zǎoqī chūguó liúxué yě shì rúcǐ.
모든 일은 사람에 따라 다른데, 조기 유학도 마찬가지입니다.

필수 패턴1

不能一概而论　　일률적으로 논할 수 없다

예시 我们要具体问题具体分析，不能一概而论。
우리는 구체적인 상황에 따라 문제를 분석해야지, 일률적으로 논하면 안 된다.

2 有的孩子适合去留学，有的孩子不适合去留学，这个问题不能一概而论。

Yǒude háizi shìhé qù liúxué, yǒude háizi bú shìhé qù liúxué, zhège wèntí bù néng yígài érlùn.

어떤 아이는 유학에 적합하고, 어떤 아이는 유학에 적합하지 않은데, 이 문제는 일률적으로 논할 수 없습니다.

3 但总体来说，我认为早期留学坏处更多，理由如下：

Dàn zǒngtǐ lái shuō, wǒ rènwéi zǎoqī liúxué huàichù gèng duō, lǐyóu rúxià:

그러나 전체적으로 봤을 때, 저는 조기 유학의 단점이 더 많다고 생각합니다. 이유는 다음과 같습니다.

4 第一，孩子过早出国学习，远离亲人，成长的过程很孤独，容易形成自闭的性格。

Dì yī, háizi guò zǎo chūguó xuéxí, yuǎnlí qīnrén, chéngzhǎng de guòchéng hěn gūdú, róngyì xíngchéng zìbì de xìnggé.

첫째, 아이가 지나치게 일찍 유학 가서 가족과 떨어져 외롭게 자라면, 내향적인 성격을 형성하기 쉽습니다.

필수 패턴2

很难达到预期 기대에 미치기 어렵다, 기대를 이루기 어렵다

예시 太早开始让孩子学习很难达到父母的预期。

너무 이른 조기 교육은 부모의 기대에 미치기 어렵다.

5 总之，小孩子根本不清楚学习的目的，他们不可能主动学习，太早送孩子去留学很难达到父母的预期。

Zǒngzhī, xiǎo háizi gēnběn bù qīngchǔ xuéxí de mùdì, tāmen bù kěnéng zhǔdòng xuéxí, tài zǎo sòng háizi qù liúxué hěn nán dádào fùmǔ de yùqī.

어쨌든, 아이들은 학습의 목적을 전혀 모르기 때문에, 주동적으로 공부할 수 없습니다. 너무 일찍 아이를 유학 보내면 부모의 기대에 미치기 어렵습니다.

모범 답변 확인하기

음원을 들으면서 모범 답변을 큰 소리로 따라 연습하세요. MP3 16-2

凡事都是/因人而异的，早期出国留学/也是如此。
Fán shì dōu shì yīnrén'éryì de, zǎoqī chūguó liúxué yě shì rúcǐ.

有的孩子适合/去留学，有的孩子不适合/去留学，这个问题/不能一概而论。
Yǒude háizi shìhé qù liúxué, yǒude háizi bú shìhé qù liúxué, zhège wèntí bù néng yígài érlùn.

但总体来说，我认为/早期留学/坏处更多，理由如下：
Dàn zǒngtǐ lái shuō, wǒ rènwéi zǎoqī liúxué huàichù gèng duō, lǐyóu rúxià:

第一，孩子过早/出国学习，远离亲人，成长的过程/很孤独，容易形成/自闭的性格。
Dì yī, háizi guò zǎo chūguó xuéxí, yuǎnlí qīnrén, chéngzhǎng de guòchéng hěn gūdú, róngyì xíngchéng zìbì de xìnggé.

第二，如果只让孩子/自己去留学的话，孩子/年纪小，自律性/差、没有父母照顾，很多孩子/根本不学习。
Dì èr, rúguǒ zhǐ ràng háizi zìjǐ qù liúxué dehuà, háizi niánjì xiǎo, zìlǜ xìng chà、méiyǒu fùmǔ zhàogù, hěn duō háizi gēnběn bù xuéxí.

总之，我认为/小孩子根本不清楚/学习的目的，他们不可能/主动学习，
Zǒngzhī, wǒ rènwéi xiǎo háizi gēnběn bù qīngchu xuéxí de mùdì, tāmen bù kěnéng zhǔdòng xuéxí,

所以太早送孩子/去留学/很难达到/父母的预期。
suǒyǐ tài zǎo sòng háizi qù liúxué hěn nán dádào fùmǔ de yùqī.

해석 모든 일은 사람에 따라 다른데, 조기 유학도 마찬가지입니다. 어떤 아이는 유학에 적합하고, 어떤 아이는 유학에 적합하지 않은데, 이 문제는 일률적으로 논할 수 없습니다. 그러나 전체적으로 봤을 때, 저는 조기 유학의 단점이 더 많다고 생각합니다. 이유는 다음과 같습니다. 첫째, 아이가 지나치게 일찍 유학 가서 가족과 떨어져 외롭게 자라면, 내향적인 성격을 형성하기 쉽습니다. 둘째, 아이 혼자만 유학 보내면, 나이가 어려 자율성이 떨어지고, 부모님의 보살핌이 없어서 많은 아이들은 아예 공부하지 않을 것입니다. 어쨌든, 아이들은 학습의 목적을 전혀 모르기 때문에, 주동적으로 공부할 수 없습니다. 너무 일찍 아이를 유학 보내면 부모의 기대에 미치기 어렵습니다.

나만의 DIY 답변

답변 템플릿을 참고하여 스스로 나만의 답변을 만들어 보세요.

你觉得有必要对孩子进行早期教育吗？为什么？(2.5分钟)

당신은 아이에게 조기 교육을 시킬 필요가 있다고 생각하나요? 왜 그렇게 생각하나요?

답변 템플릿

도입	모든 일은 사람에 따라 다른데, OOO도 마찬가지입니다. 어떤 아이는 OOO을 하는 것이 적합하고, 어떤 아이는 적합하지 않기 때문에, 이 문제는 일률적으로 논할 수 없습니다. 그러나 전체적으로 봤을 때, 저는 OOO라고 생각합니다.
전개	이유는 다음과 같습니다. 첫째, OOO 때문에 OOO입니다. 둘째는 OOO입니다. 그렇기 때문에 OOO할 필요가 없습니다.
마무리	어쨌든, 저는 아이들이 학습의 목적을 전혀 모르기 때문에, 주동적으로 공부할 수 없다고 생각합니다. 그래서 OOO은 부모의 기대에 미치기 어렵습니다.

음원을 들으면서 빈칸을 채우고, 모범 답변을 큰 소리로 따라 연습하세요. 

凡事都是/因人而异的，＿＿＿＿/也是如此。有的孩子适合/＿＿＿＿＿＿＿＿，有的孩子/不适合，这个问题/不能一概而论。但总体来说，我认为/＿＿＿＿＿＿＿＿，理由如下：第一，孩子过早/开始学习的话，＿＿＿＿＿＿＿＿。第二，随着/＿＿的增长，孩子的＿＿＿＿＿＿＿＿＿＿＿＿。所以＿＿＿＿＿＿＿＿。总之，我认为/小孩子根本不清楚/学习的目的，他们不可能/主动学习，所以＿＿＿＿/很难达到/父母的预期。

핵심 키워드: 早期教育, 没有必要, 过早, 产生, 反感, 理解, 强, 不清楚, 目的

실력 다지기 실전 테스트

HSKK 중국어 말하기 시험 준비 시간: 2분 30초, 답변 시간: 2분 30초

第三部分：第5题，回答问题。

5. 要成为一名合格的领导，需要具备哪些基本素质？为什么？（2.5 分钟）

나만의 답변 만들기

실전 모의고사

新汉语水平考试

HSK 口试（高级）

模拟考试

注 意

一、HSK 口试（高级）分三部分：

1．听后复述（3 题，8 分钟）

2．朗读（1 题，2 分钟）

3．回答问题（2 题，5 分钟）

二、全部考试约 25 分钟（含准备时间 10 分钟）。

第一部分

第 1-3 题：听后复述。

第二部分

第 4 题：朗读。

在一些正式场合，我们有时会遇到一些令人尴尬的情形，这时候如果我们能用几句幽默的话来自我解嘲，就能让这种紧张、尴尬的气氛在轻松愉快的笑声中得到缓解，从而使自己从困境中走出来。

一位著名的钢琴演奏家去一个大城市表演。演出那天，当他走上舞台时，才发现来的观众还不到全场的一半儿。见此情景，他非常失望，但是他很快调整了情绪，恢复了自信。他走到舞台的中央，对观众说："大都市果然不一样，我看你们一定都很有钱，因为你们每个人都买了两个座位的票。"音乐厅里顿时响起一片笑声。观众立刻对这位钢琴演奏家产生了好感，开始聚精会神地欣赏他美妙的钢琴演奏。正是幽默改变了钢琴演奏家的处境，使他摆脱了难堪。 (2分钟)

第三部分

第 5-6 题：回答问题

5. 请介绍一下你最近有什么愿望。(2. 5分钟)

6. 你觉得什么样的人生才是有意义的？(2. 5分钟)

新汉语水平考试

HSK 口试（高级）

模拟考试

注 意

一、HSK 口试（高级）分三部分：

1. 听后复述（3 题，8 分钟）

2. 朗读（1 题，2 分钟）

3. 回答问题（2 题，5 分钟）

二、全部考试约 25 分钟（含准备时间 10 分钟）。

第一部分

第 1-3 题：听后复述。

第二部分

第 4 题：朗读。

一位农夫每天都挑着两只木桶去河边取水。其中一只木桶有一道裂痕，因此每次到家时，这只桶漏得只剩下半桶水了。而另一只桶的水却总是满的。有裂痕的桶不禁为自己的缺陷而自责。

一天他鼓起勇气向主人开口说道："我总是漏水，我感到很惭愧。"农夫说："你注意到了吗？你那一侧的路边开满了鲜花。而另一侧却没有。那是因为我在你那一侧沿路撒下了花的种子。你漏出的水就相当于在浇花。如果不是因为你所谓的缺陷，我怎么能欣赏到如此美丽的鲜花呢？我们每个人都好比那只有裂痕的桶，有着各自的不足和缺点。如果我们都能像农夫那样怀着一颗宽容的心，正确看待自己的缺陷，扬长避短，这也是一种幸福。" (2分钟)

第三部分

第 5-6 题：回答问题

5. 请你介绍一位视为榜样或者敬佩的人。(2. 5 分钟)

6. 你同意“谦虚使人进步，骄傲使人落后”这句话吗？为什么？
(2. 5分钟)

모범 답변 및 해설서

제1부분 실전 테스트

01 우화 이야기 (1)

본문 p.28

듣기 대본

一把铁锁挂在一个大铁门上，一根铁杆使尽了全身的力气，也没能把它撬开。钥匙来了，它钻进锁孔，轻轻一转，那把铁锁就打开了。铁杆百思不得其解："为什么我费了那么大力气也打不开的铁锁，而你却轻而易举地把它打开了呢？"钥匙淡定地说："因为我最了解它的芯。"

해석 쇠 자물쇠가 큰 철문에 걸려 있었고, 쇠 막대기는 온 힘을 다 썼지만, 그 자물쇠를 비틀어 열 수 없었다. 열쇠가 왔다. 그는 자물쇠 구멍으로 기어 들어가, 살짝 돌리자 자물쇠가 바로 열렸다. 쇠 막대기는 이해할 수 없다는 듯이 물었다. "왜 내가 그렇게 온 힘을 들여도 열리지 않는 자물쇠를 너는 쉽게 열었을까?" 열쇠는 침착하게 대답했다. "왜냐하면 내가 그 마음을 가장 잘 알기 때문이야."

핵심 정리

01 인물: 铁锁，铁杆，钥匙

02 사건: 铁杆没能撬开铁锁

03 결과: 钥匙轻轻一转，就打开了锁

모범 답변

一把铁锁/挂在一个铁门上，一根铁杆/撬不开铁锁。钥匙来了，它很轻松地/把铁锁/打开了。

Yì bǎ tiěsuǒ guàzài yíge tiě mén shang, yì gēn tiěgǎn qiào bu kāi tiěsuǒ. Yàoshi lái le, tā hěn qīngsōng de bǎ tiěsuǒ dǎkāi le.

铁杆不明白/为什么/它打不开铁锁，而钥匙/却轻而易举地/把它打开了。

Tiěgǎn bù míngbai wèi shénme tā dǎ bu kāi tiěsuǒ, ér yàoshi què qīng'éryìjǔ de bǎ tā dǎkāi le.

钥匙说/因为它了解/它的芯。

Yàoshi shuō yīnwèi tā liǎojiě tā de xīn.

해석 쇠 자물쇠가 철문에 걸려 있는데, 쇠 막대기는 그 자물쇠를 비틀어 열 수 없었다. 열쇠가 와서, 아주 쉽게 자물쇠를 열었다. 쇠 막대기는 왜 자신은 자물쇠를 열지 못하는데, 열쇠는 너무 쉽게 열 수 있는지 그 이유를 몰랐다. 열쇠는 자신이 그의 마음을 가장 잘 알기 때문이라고 대답했다.

01 우화 이야기 (2)

본문 p.28

듣기 대본

狮子发现羊正在睡觉，便想趁机吃掉它。这时，狮子又突然发现不远处有只鹿，便改变路线去追鹿。追着追着，狮子觉得追得很累，于是又回过头来想去追羊。但是羊早就跑得无影无踪了。狮子自言自语道："我真是活该，因为贪心，把几乎到手的猎物都给丢了。"

해석 사자는 양이 자고 있는 것을 발견하고 기회를 틈타 그것을 잡아먹으려 했다. 그때 사자는 또 갑자기 멀지 않은 곳에 사슴이 있는 것을 발견하고 사슴을 쫓기 위해 방향을 바꾸었다. 사슴을 쫓아가던 사자는 쫓기가 힘들어서 다시 뒤돌아 양을 쫓으려 했다. 그러나 양은 벌써 온데간데없이 달아났다. 사자는 혼잣말을 했다. "난 정말 그래도 싸지, 욕심 때문에 거의 손에 쥔 사냥감을 모두 잃었어."

핵심 정리

01 인물: 狮子，羊，鹿

02 사건: 狮子想吃掉羊，突然又发现鹿，就追鹿

03 결과: 羊和鹿都没追到

모범 답변

狮子发现/羊正在睡觉，便想吃掉它。这时，狮子又突然/发现了/一只鹿，便去/追鹿。
Shīzi fāxiàn yáng zhèngzài shuìjiào, biàn xiǎng chīdiào tā. Zhèshí, shīzi yòu tūrán fāxiàn le yì zhī lù, biàn qù zhuī lù.

追着追着，狮子觉得/很累，于是/又想去/追羊。但是/羊早就跑了。
Zhuīzhe zhuīzhe, shīzi juéde hěn lèi, yúshì yòu xiǎng qù zhuī yáng. Dànshì yáng zǎo jiù pǎo le.

狮子说，因为/自己贪心，把猎物/都丢了。
Shīzi shuō, yīnwèi zìjǐ tānxīn, bǎ lièwù dōu diū le.

해석 사자는 양이 자고 있는 것을 발견하고 그것을 잡아먹으려 했다. 이때 사자는 또 갑자기 사슴이 있는 것을 발견하고 사슴을 쫓으러 갔다. 쫓다 보니 사자는 힘들어서 다시 양을 쫓으려 했다. 그러나 양은 벌써 달아나 버렸다. 사자는 자신의 욕심 때문에 사냥감을 모두 잃었다고 말했다.

01 우화 이야기 (3)

본문 p.28

듣기 대본

有人养了一只鹰，有一天他想训练鹰的飞翔能力，但那只鹰惧怕天空的高度，紧紧抓着树枝不放。那人为此愁眉不展，后来他听从朋友的建议，把树枝砍断了，鹰扑棱了几下后腾空而起。其实，我们每个人的心中都有双翅膀，但我们为了安全和舒适，习惯了固守在自己的领域里，从而失去了探寻精彩世界的能力。当那根树枝被砍断后，我们才发现原来自己也有飞翔能力。

해석 어떤 사람이 매를 한 마리 키웠는데, 어느 날 매의 비상 능력을 훈련시키고 싶었지만, 그 매는 하늘의 높이를 두려워하며 나뭇가지를 꽉 움켜쥐고 놓지 않았다. 그 사람은 이 때문에 고민에 빠졌다가 친구의 조언을 듣고 나뭇가지를 잘랐다. 매는 몇 번 푸드덕거리더니 하늘로 날아올랐다. 사실 우리 모두는 마음속에 두 개의 날개를 가지고 있지만, 안전과 편안함을 위해 자신의 영역을 고수하는 데 익숙해져 멋진 세상을 찾는 능력을 잃어버렸다. 그 나뭇가지가 잘려 나가자 비로소 우리도 날 수 있는 능력이 있다는 것을 알게 되었다.

핵심 정리

01 인물: 一个人，鹰

02 시간: 有一天

03 사건: 有人想训练鹰的飞翔能力，鹰害怕

04 결과: 把树枝砍断后，鹰飞起来了

모범 답변

有个人/养了一只鹰，他想训练/鹰的飞翔能力。但是/鹰始终不敢/从树枝上/飞下来。

Yǒu ge rén yǎng le yì zhī yīng, tā xiǎng xùnliàn yīng de fēixiáng nénglì. Dànshì yīng shǐzhōng bùgǎn cóng shùzhī shang fēi xiàlai.

后来，这个人把树枝/砍断，鹰就飞起来了。

Hòulái, zhè ge rén bǎ shùzhī kǎnduàn, yīng jiù fēi qǐlai le.

人也是/一样的，脱离了/生活的舒适圈，我们也可以/探索精彩的世界。

Rén yěshì yíyàng de, tuōlí le shēnghuó de shūshì quān, wǒmen yě kěyǐ tànsuǒ jīngcǎi de shìjiè.

해석 어떤 사람이 매를 한 마리 키웠는데, 그는 매의 비상 능력을 훈련시키고 싶었다. 하지만 매는 계속 나뭇가지에서 날아서 내려오지 못했다. 이후, 그 사람은 나뭇가지를 잘라 버렸는데, 매가 날기 시작했다. 사람도 마찬가지이다. 편안한 자신의 영역을 벗어나면, 우리도 더 멋진 세계를 탐색할 수 있다.

02 유머, 성공 일화 (1)

본문 p.37

듣기 대본

早上，妈妈拿出新买的衣服，对着镜子试了起来。一回头，她发现5岁的女儿正在她身后看着她，于是妈妈高兴地问女儿：“妈妈穿这件衣服好不好看？”女儿仔细地打量了一番，然后说：“衣服很好看，可是妈妈的个子应该再高一点儿，腿应该再长一点儿，还应该再瘦一点儿。”

해석 아침에 엄마는 새로 산 옷을 꺼내 거울에 대고 입어보기 시작했다. 뒤돌아보니 다섯 살 딸이 뒤에서 지켜보고 있었고, 엄마는 기뻐하며 딸에게 물었다. “엄마가 이 옷을 입으면 예쁘니?” 딸은 자세하게 위아래로 훑어보고 대답했다. “옷은 예뻐, 하지만 엄마는 키가 더 커야 하고, 다리는 더 길어야 하고 더 날씬해야 해.”

핵심 정리

01 **인물**: 妈妈，女儿

02 **시간**: 早上

03 **사건**: 妈妈穿新买的衣服，问女儿好不好看

04 **결과**: 女儿说衣服好看，但妈妈个子应该再高一点儿

모범 답변

早上，妈妈拿出新买的衣服/问女儿，妈妈穿这件衣服/好不好看。
Zǎoshang, māma náchū xīn mǎi de yīfu wèn nǚ'ér, māma chuān zhè jiàn yīfu hǎo bu hǎokàn.

女儿说，衣服/很好看，可是妈妈的个子/应该再/高一点儿，
Nǚ'ér shuō, yīfu hěn hǎokàn, kěshì māma de gèzi yīnggāi zài gāo yìdiǎnr,

腿/应该再/长一点儿，还应该再/瘦一点儿。
tuǐ yīnggāi zài cháng yìdiǎnr, hái yīnggāi zài shòu yìdiǎnr.

해석 아침에 엄마는 새로 산 옷을 꺼내서 딸에게 엄마가 이 옷을 입으면 예쁜지 물어보았다. 딸은 옷은 예쁘지만, 엄마는 키가 더 커야 하고, 다리는 더 길어야 하고 더 날씬해야 한다고 대답했다.

02 유머, 성공 일화 (2)

본문 p.37

듣기 대본

有一位白发老人徒步从一个城市走到了另一个城市。路途遥远，在战胜重重困难到达目的地的时候，记者采访了他。记者问老人在途中是否想过放弃，他又是如何鼓起勇气走下来的。老人回答说："走一步路是不需要勇气的。先走一步，接着再走一步，然后再走一步，最后我就走到这里了。"

해석 한 백발의 노인이 걸어서 한 도시에서 다른 도시로 갔다. 길이 매우 멀었다. 이 험난한 길을 딛고 목적지에 도착했을 때 기자가 그를 취재했다. 기자는 노인에게 도중에 포기할 생각은 없었는지, 또한 어떻게 용기를 내어 걸어왔는지 물었다. 그러자 노인은 다음과 같이 대답했다. "한 걸음을 걷는 데는 용기가 필요하지 않습니다. 한 걸음 먼저 가고, 또 한 걸음 더 가고, 이어서 한 걸음 더 가다 보니, 결국 저는 여기까지 왔습니다."

핵심 정리

01 **인물**: 白发老人，记者

02 **사건**: 徒步从一个城市走到了另一个城市，接受采访

03 **결과**: 到达了目的地

모범 답변

有一位老人/从一个城市走到了/另一个城市。路很远。

Yǒu yí wèi lǎorén cóng yí ge chéngshì zǒudào le lìng yí ge chéngshì. Lù hěn yuǎn.

记者问老人/他的勇气/是哪里来的。老人回答说，走路/是不需要/勇气的。

Jìzhě wèn lǎorén tā de yǒngqì shì nǎlǐ lái de. Lǎorén huídá shuō, zǒulù shì bù xūyào yǒngqì de.

先走一步，再走一步，然后再走一步，最后/就到了。

Xiān zǒu yí bù, zài zǒu yí bù, ránhòu zài zǒu yí bù, zuìhòu jiù dào le.

해석 한 백발의 노인이 걸어서 한 도시에서 다른 도시로 갔다. 길은 매우 멀었다. 기자가 그에게 그의 용기는 어디에서 왔는지 물었다. 노인은 대답했다. 걷는 데는 용기가 필요하지 않다. 한 걸음 먼저 가고, 또 한 걸음 더 가고, 이어서 한 걸음 더 가다 보니, 결국 도착했다.

02 유머, 성공 일화 (3)

본문 p.37

듣기 대본

一天，一位著名的作家在公园里散步，在一座很窄的小桥上碰巧遇到了一位反对他的批评家。那位批评家傲慢无礼地对作家说："你知道吗？我这个人是从来不给傻瓜让路的。"机智的作家回答说："而我却恰恰相反。"说完闪身让路，让批评家过去了。

해석 어느 날 한 유명한 작가가 공원을 거닐다가 좁은 다리 위에서 그를 반대하는 비평가와 우연히 마주쳤다. 그 비평가는 작가에게 거만하고 무례하게 말했다. "그거 아세요? 저는 바보에게 한 번도 길을 비켜준 적이 없어요." 재치 있는 작가는 "저는 바로 그 반대예요."라고 대답했고 말을 마치자마자 바로 몸을 비켜 비평가에게 길을 비켜 주었다.

핵심 정리

01 인물: 著名作家，批评家

02 시간: 一天

03 사건: 在一条小桥上碰巧遇到

04 결과: 批评家不想让路，作家相反

모범 답변

一天，一位著名的作家/在一座小桥上/遇见了反对他的批评家。

Yì tiān, yí wèi zhùmíng de zuòjiā zài yí zuò xiǎo qiáo shang yùjiàn le fǎnduì tā de pīpíngjiā.

那位批评家/傲慢无礼地说/他从来不给傻瓜/让路。

Nà wèi pīpíngjiā àomàn wúlǐ de shuō tā cónglái bù gěi shǎguā rànglù.

但是，聪明的作家说/他恰恰相反，给批评家/让路了。

Dànshì, cōngmíng de zuòjiā shuō tā qiàqià xiāngfǎn, gěi pīpíngjiā rànglù le.

해석 어느 날 한 유명한 작가가 좁은 다리 위에서 그를 반대하는 비평가와 마주쳤다. 그 비평가는 작가에게 거만하고 무례하게 자신은 한 번도 바보에게 길을 비켜준 적이 없다고 말했다. 그러나 영리한 작가는 자신은 바로 그 반대라고 말하면서 비평가에게 길을 비켜 주었다.

03 설명문 (1)

본문 p.46

듣기 대본

很多人都以为慢跑是万能的，其实不然。慢跑属于有氧运动，对心肺功能很有好处，有助于减脂肪。但慢跑也是一项重复性很高的运动，身体机械地重复着单一的动作，有可能给某个关节或某块肌肉带来负担和伤害。因此，应该尝试交叉训练，也就是在跑步以外搭配其他种类的运动。这样才能达到最好的效果。

해석 많은 사람들은 조깅이 만능이라고 생각하지만, 사실은 그렇지 않다. 조깅은 유산소 운동으로 심폐 기능에 좋고 지방 감량에 도움이 된다. 그러나 조깅도 반복성이 높은 운동이다. 신체는 기계적으로 단일 동작을 반복하면 관절이나 근육에 무리를 주고 손상을 가져올 수 있다. 따라서 크로스 트레이닝을 해야 한다. 즉, 달리기와 이 외에 다른 종류의 운동을 병행해 보는 것이 좋다. 그래야 최상의 효과를 거둘 수 있다.

핵심 정리

01 키워드: 慢跑

02 특징: 慢跑属于有氧运动, 有助于减脂肪

03 주의 사항: 慢跑有可能给关节或肌肉带来负担

04 결론: 搭配其他种类的运动会达到最好的效果

모범 답변

很多人都以为/慢跑是万能的，其实不然。慢跑属于/有氧运动，有助于/减脂肪。

Hěn duō rén dōu yǐwéi mànpǎo shì wànnéng de, qíshí bùrán. Mànpǎo shǔyú yǒuyǎng yùndòng, yǒu zhù yú jiǎn zhīfáng.

但慢跑有可能/给某个关节/或某块肌肉/带来负担和伤害。

Dàn mànpǎo yǒu kěnéng gěi mǒu ge guānjié huò mǒu kuài jīròu dàilái fùdān hé shānghài.

因此，应该尝试搭配/其他运动。这样才能/达到最好的效果。

Yīncǐ, yīnggāi chángshì dāpèi qítā yùndòng. Zhèyàng cáinéng dádào zuìhǎo de xiàoguǒ.

해석 많은 사람들은 조깅이 만능이라고 생각하지만, 사실은 그렇지 않다. 조깅은 유산소 운동으로 지방 감량에 도움이 된다. 그러나 조깅은 관절이나 근육에 무리를 주고 손상을 가져올 수 있다. 따라서 다른 운동과 함께 하는 시도를 해야 한다. 그렇게 해야 최상의 효과를 거둘 수 있다.

03 설명문 (2)

본문 p.46

듣기 대본

所谓“二八法则”就是指一组东西中，最重要的往往只占其中的20%，而其余的80%尽管占多数，却是次要的。二八法则提醒企业在经营管理的过程中，一定要抓住重点，应该对那些能给企业带来80%的利润，却仅占总量20%的关键客户，加强有针对性的服务。这样才会有事半功倍的效果。

해석 이른바 '28법칙'이란 한 그룹의 물건 중 가장 중요한 것은 20퍼센트에 불과하고, 나머지 80퍼센트는 다수를 차지하지만 부수적이라는 것을 의미한다. 28법칙은 기업이 운영 및 관리 과정에서 핵심 사항을 파악하고 기업에 80퍼센트의 이익을 가져다 줄 수 있지만, 전체 20퍼센트에 불과한 핵심 고객에 대해 맞춤형 서비스를 강화해야 한다고 상기시킨다. 이렇게 해야만 일은 적게 하고 효과는 배가 될 수 있다.

핵심 정리

01 키워드: 二八法则

02 정의: 一组东西中，最重要的往往只占其中的20%

03 적용: 对20%的关键客户加强有针对性的服务

모범 답변

所谓“二八法则”/就是一组东西中，最重要的/只占20%，而其余的80%/却是次要的。

Suǒwèi “èr bā fǎzé” jiùshì yì zǔ dōngxi zhōng, zuì zhòngyào de zhǐ zhàn bǎi fēn zhī èrshí, ér qíyú de bǎi fēn zhī bāshí quèshì cìyào de.

二八法则/提醒企业/一定要抓住重点，应该对20%的关键客户/加强服务。

Èr bā fǎzé tíxǐng qǐyè yídìng yào zhuāzhù zhòngdiǎn, yīnggāi duì bǎi fēn zhī èrshí de guānjiàn kèhù jiāqiáng fúwù.

这样才会有/事半功倍的效果。

Zhèyàng cái huì yǒu shìbàn gōngbèi de xiàoguǒ.

해석 이른바 '28법칙'이란 한 그룹의 물건 중 가장 중요한 것은 20퍼센트에 불과하고, 나머지 80퍼센트는 부수적이라는 것을 의미한다. 28법칙은 기업에게 반드시 핵심 사항을 파악하고, 20퍼센트의 핵심 고객에 대한 서비스를 강화해야 한다고 상기시킨다. 이렇게 해야만 일은 적게 하고 효과는 배가 될 수 있다.

03 설명문 (3)

본문 p.46

듣기 대본

冬天过去了，春天来到了。由于气温变暖等原因，人们经常会觉得身体疲劳，总想睡觉，这就是我们常说的“春困”。“春困”虽然不是疾病，但是也会影响人们的学习和工作。不过，通过调节饮食，“春困”是可以减轻甚至可以消失的。比如说，常吃水果、蔬菜，喝新鲜的果汁儿，少吃油多的食物。

해석 겨울이 가고 봄이 왔다. 기온이 따뜻해짐에 따라 사람들은 몸이 피곤하고 자주 졸린 경우가 많은데, 이것이 바로 우리가 흔히 말하는 '춘곤증'이다. '춘곤증'은 질병은 아니지만 공부와 업무에 영향을 미칠 수 있다. 그러나 식이 조절을 통해 '춘곤증'은 완화되거나 사라질 수 있다. 예를 들어 과일과 채소를 자주 먹고, 신선한 주스를 마시고, 기름진 음식을 적게 먹어야 한다.

핵심 정리

01 키워드: 春困

02 정의: 由于气温变暖，很多人都觉得很困

03 특징: 不是疾病, 通过饮食可以减轻或消失

04 예시: 常吃水果、蔬菜, 少吃有多的食物

모범 답변

春天来了，由于/气温变暖，很多人都觉得/很困，这就是/我们常说的/“春困”。

Chūntiān lái le, yóuyú qìwēn biàn nuǎn, hěn duō rén dōu juéde hěn kùn, zhè jiùshì wǒmen cháng shuō de 'chūnkùn'.

春困并不是/一种病，而且通过/调节饮食，可以减轻/疲惫的症状。

Chūnkùn bìng bú shì yì zhǒng bìng, érqiě tōngguò tiáojié yǐnshí, kěyǐ jiǎnqīng píbèi de zhèngzhuàng.

比如/多吃水果、蔬菜，少吃油腻的食物/等等。

Bǐrú duō chī shuǐguǒ、shūcài, shǎo chī yóunì de shíwù děng děng.

해석 봄이 왔다. 기온이 따뜻해짐에 따라 사람들은 자주 졸린 경우가 많은데, 이것이 바로 우리가 흔히 말하는 '춘곤증'이다. '춘곤증'은 결코 질병이 아니라, 식이 조절을 통해 피곤한 증상을 완화시킬 수 있다. 예를 들어 과일과 채소를 자주 먹고, 기름진 음식을 적게 먹는 방법 등이 있다.

04 논설문 (1)

본문 p.55

듣기 대본

当孩子讲故事时，父母应该认真听，做孩子最忠实的听众。不管这个故事你已经听过了多少遍，你都要表现出好像是第一次听到的那种新鲜感，如果可以一边听，一边好奇地发问，那就更好了。这样的小互动不仅能引起孩子的兴趣，更能让孩子产生成就感。慢慢地，父母会惊奇地发现，孩子已经爱上了阅读。

해석 아이가 이야기할 때 부모는 반드시 진지하게 듣고, 아이의 가장 충실한 청중이 되어야 한다. 설령 당신이 이 이야기를 몇 번 들어봤더라도, 마치 처음 듣는 것 같은 신선함을 보여줘야 한다. 들으면서 호기심에 찬 듯이 질문할 수 있다면 더 좋다. 이러한 작은 상호 작용은 아이의 흥미를 유발할 뿐만 아니라 성취감을 느끼게 할 수 있다. 천천히, 부모는 놀랍게도 아이가 이미 독서를 사랑한다는 것을 발견하게 될 것이다.

핵심 정리

01 키워드: 讲故事

02 주장: 孩子讲故事时, 父母应该认真听

03 예시: 一边听, 一边发问会引起孩子的兴趣

04 결론: 孩子会爱上阅读

모범 답변

孩子/讲故事时，父母应该/认真听，就像是/第一次听到/这个故事一样。
Háizi jiǎng gùshì shí, fùmǔ yīnggāi rènzhēn tīng, jiù xiàng shì dì yī cì tīngdào zhège gùshì yíyàng.

如果可以/一边听，一边发问，那就更好了。
Rúguǒ kěyǐ yìbiān tīng, yìbiān fāwèn, nà jiù gèng hǎo le.

这样能引起/孩子对读书的兴趣，慢慢地，孩子就会/爱上阅读。
Zhèyàng néng yǐnqǐ háizi duì dúshū de xìngqù, mànmàn de, háizi jiù huì àishang yuèdú.

해석 아이가 이야기할 때 부모는 반드시 진지하게 듣고, 마치 처음 듣는 것 같은 신선함을 보여줘야 한다. 만약 들으면서 질문을 할 수 있다면 더 좋다. 이렇게 하는 것은 아이의 독서에 대한 흥미를 유발할 뿐만 아니라 천천히, 아이가 독서를 사랑하게 될 것이다.

04 논설문 (2)

본문 p.55

듣기 대본

我们不妨去追求最好一最好的学校、最好的工作、最好的结婚对象等等。但是，能否得到最好，取决于很多因素，不是只靠努力就能成功的。因此，如果我们尽了力，结果得到的不是最好，而是次好，我们也应该笑着接受。人生本来就不可能是完美的，在人生中需要妥协。适当的妥协也是一种智慧。

해석 우리는 최고의 학교, 최고의 직장, 최고의 결혼 상대 등을 추구해 볼 수 있다. 그러나 가장 잘할 수 있는가는 많은 요인에 달려 있다. 결코 노력만으로 모두 성공하는 것은 아니다. 그래서 우리가 최선을 다했지만, 결과가 최선이 아니라 차선이라도, 우리는 웃으면서 받아들여야 한다. 인생은 원래 완벽할 수 없으며 인생에도 타협이 필요하다. 적당히 타협하는 것도 일종의 지혜이다.

핵심 정리

01 키워드: 追求最好

02 주장: 如果我们尽了力，结果得到的不是最好的，我们也应该笑着接受

03 근거: 人生本来就不可能是完美的

04 결론: 适当的妥协也是一种智慧

모범 답변

我们可以/追求最好，但是/能否得到/最好，取决于/很多因素。
Wǒmen kěyǐ zhuīqiú zuì hǎo, dànshì néngfǒu dédào zuì hǎo, qǔjué yú hěn duō yīnsù.

如果我们/尽了力，结果得到的/不是最好的，我们也应该/笑着接受。
Rúguǒ wǒmen jìn le lì, jiéguǒ dédào de bú shì zuì hǎo de, wǒmen yě yīnggāi xiàozhe jiēshòu.

人生本来就不可能/是完美的，适当的妥协/也是一种智慧。
Rénshēng běnlái jiù bù kěnéng shì wánměi de, shìdāng de tuǒxié yě shì yì zhǒng zhìhuì.

해석 우리는 최고를 추구할 수 있다. 하지만 최고를 얻을 수 있는가는 많은 요인에 달려 있다. 만약 우리가 최선을 다했지만, 얻은 결과가 최선이 아니라 차선이라도 우리는 웃으면서 받아들여야 한다. 인생은 원래 완벽할 수 없기에, 적당히 타협하는 것도 일종의 지혜이다.

04 논설문 (3)

본문 p.55

듣기 대본

三十岁以前就尝到失业的滋味，当然是一件不幸的事，但未必是一件坏事。三十岁之前就过早地固定在一个职业上，一辈子做相同的工作，也许才是最大的不幸。失业可能会让你想起埋藏了很久的梦想，可能会激发起连你自己都从未发现的潜力。可能你本来并没什么梦想，这时候也会逼着自己去做梦。

해석 서른 살 이전에 실직을 맛본 것은 물론 불행한 일이지만, 그러나 반드시 나쁜 일은 아니다. 서른이 되기 전부터 너무 일찍 한 직장에 정착하여, 평생 같은 일을 하는 것이 가장 큰 불행일지도 모른다. 실업은 당신에게 오랫동안 숨겨져 있던 꿈을 떠올리게 할 수도 있고, 스스로도 발견하지 못한 잠재력을 불러일으킬 수도 있다. 아마도 당신은 원래 별다른 꿈이 없었을 수도 있는데, 이때 억지로라도 자신의 꿈을 찾을 수 있게 된다.

핵심 정리

01 키워드: 失业

02 주장: 三十岁以前失业，不一定是坏事

03 이유1: 失业可能会让自己想起很久的梦想

04 이유2: 失业可能会激发自己的潜力

모범 답변

三十岁以前/失业可能是/坏事，也可能是/好事。

Sānshí suì yǐqián shīyè kěnéng shì huàishì, yě kěnéng shì hǎoshì.

过早固定在/一个职位上/可能不是好事，失业可能会/让我们想起/很久以前的梦想。

Guò zǎo gùdìng zài yí ge zhíwèi shang kěnéng bú shì hǎoshì, shīyè kěnéng huì ràng wǒmen xiǎngqǐ hěn jiǔ yǐqián de mèngxiǎng.

还可能激发/我们的潜力，甚至利用这个机会/去逼着自己/寻找梦想。

Hái kěnéng jīfā wǒmen de qiánlì, shènzhì lìyòng zhège jīhuì qù bīzhe zìjǐ xúnzhǎo mèngxiǎng.

해석 서른 살 이전에 실직은 불행한 일일수도 있고, 좋은 일일수도 있다. 너무 일찍 한 직장에 정착하는 것은 좋은 일이 아닐 수도 있다. 실업은 우리에게 오래 전에 꾸었던 꿈을 떠올리게 할 수도 있다. 또한 우리의 잠재력을 불러일으킬 수도 있다. 심지어 이 기회를 이용하여 억지로라도 스스로의 꿈을 찾을 수 있도록 노력하게 된다.

제2부분 실전 테스트

05 강세와 끊어 읽기

본문 p.63

모범 답변

为了看日出，我常常早起。那时/天还没有大亮，天空/还是一片浅蓝，
Wèile kàn rìchū, wǒ chángcháng zǎo qǐ. Nàshí tiān hái méiyǒu dàliàng, tiānkōng háishi yí piàn qiǎnlán,

颜色/很浅。转眼间/天边出现了/一道红霞，慢慢地/在扩大它的范围，
yánsè hěn qiǎn. Zhuǎnyǎn jiān tiānbiān chūxiàn le yí dào hóngxiá, mànmàn de zài kuòdà tā de fànwéi,

加强它的亮光。我知道/太阳/要从天边/升起来了，便目不转睛地/望着那里。
jiāqiáng tā de liàngguāng. Wǒ zhīdào tàiyáng yào cóng tiānbiān shēng qǐlai le, biàn mùbùzhuǎnjīng de wàngzhe nàlǐ.

果然/过了一会儿，在那个地方/出现了太阳的小半边脸，红/是真红，
Guǒrán guò le yíhuìr, zài nàge dìfang chūxiàn le tàiyáng de xiǎo bànbiān liǎn, hóng shì zhēn hóng,

却没有亮光。太阳/像负着重荷似的/慢慢地努力上升，到了最后，
què méiyǒu liàngguāng. Tàiyáng xiàng fùzhe zhònghè shì de mànmàn de nǔlì shàngshēng, dào le zuìhòu,

终于冲破了云霞，完全跳出了海面，颜色/红得非常可爱。一刹那间，
zhōngyú chōngpò le yúnxiá, wánquán tiàochū le hǎimiàn, yánsè hóng de fēicháng kě'ài. Yí chànà jiān,

太阳/忽然发出了/夺目的亮光，射得人/眼睛发痛，它旁边的云片/也突然有了光彩。
tàiyáng hūrán fāchū le duómù de liàngguāng, shè de rén yǎnjīng fātòng, tā pángbiān de yúnpiàn yě tūrán yǒu le guāngcǎi.

有时/太阳走进了云堆中，它的光线/却从云层里射下来，直射到水面上。
Yǒushí tàiyáng zǒujìn le yúnduī zhōng, tā de guāngxiàn què cóng yúncéng lǐ shè xiàlai, zhí shèdào shuǐmiàn shang.

这时候/要分辨出/哪里是水，哪里是天，倒也不容易，因为/我只看见/
Zhè shíhou yào fēnbiàn chū nǎlǐ shì shuǐ, nǎlǐ shì tiān, dào yě bù róngyì, yīnwèi wǒ zhǐ kànjiàn

一片灿烂的亮光。
yí piàn cànlàn de liàngguāng.

해석 일출을 보기 위해 나는 자주 일찍 일어난다. 그때는 날이 아직 밝지 않아, 하늘은 여전히 연한 파란색이었고, 그 색이 매우 연했다. 눈 깜짝할 사이에 하늘 끝에 붉은 빛이 나타나더니 서서히 그 범위를 넓히고 더 강한 빛을 뿜었다. 나는 해가 곧 지평선에서 떠오른다는 것을 알고, 눈도 깜짝하지 않고 그곳을 뚫어지게 바라보았다. 과연 잠시 후, 그 위치에서 태양의 작은 반쪽 얼굴이 나타났는데, 붉기는 매우 붉었지만 빛은 없었다. 태양은 마치 무거운 짐을 진 것처럼 아주 천천히 떠오르려고 노력했고, 마침내 붉은 여명을 뚫고 바다 위로 완전히 떠올랐으며, 색깔은 정말 사랑스러운 붉은 색이었다. 찰나의 순간, 태양은 갑자기 눈부신 빛을 발했고, 눈이 아플 정도였으며 그 옆의 구름도 갑자기 광채를 띠었다. 때로 태양은 구름 속으로 들어가지만 그 빛은 구름에서 곧장 수면으로 내리쬔다. 이때 어디가 물이고 어디가 하늘인지 구별하는 것은 쉽지 않은데, 왜냐하면 나는 그저 찬란한 빛만 볼 수 있기 때문이다.

06 자주 틀리는 발음과 성조

본문 p.74

모범 답변

有人说：“凡事/要往好处想。”我却觉得/需要将这个观点改成/
Yǒu rén shuō: “fán shì yào wǎng hǎochù xiǎng.” Wǒ què juéde xūyào jiāng zhège guāndiǎn gǎichéng

“好事/要往坏处想，坏事/要往好处想”。比如/一个人中了彩票的大奖，
“hǎoshì yào wǎng huàichù xiǎng, huàishì yào wǎng hǎochù xiǎng”. Bǐrú yí ge rén zhòng le cǎipiào de dàjiǎng,

这是/天大的好事，但/要冷静考虑/这笔钱/应该如何使用。如果是/大吃大喝，
zhè shì tiāndà de hǎoshì, dàn yào lěngjìng kǎolǜ zhè bǐ qián yīnggāi rúhé shǐyòng. Rúguǒ shì dàchī dàhē,

胡花乱花的话，不久/便会把这笔钱/花光，还会/给以后的人生/带来坏的影响。
húhuā luànhuā dehuà, bùjiǔ biàn huì bǎ zhè bǐ qián huāguāng, hái huì gěi yǐhòu de rénshēng dàilai huài de yǐngxiǎng.

这是/好事/没有往坏处想，结果/就将好事/变成了坏事。
Zhè shì hǎoshì méiyǒu wǎng huàichù xiǎng, jiéguǒ jiù jiāng hǎoshì biànchéng le huàishì.

反过来，只看到/事物坏的一面，总是感到/前途无望，那就没有/把坏事/
Fǎn guòlai, zhǐ kàndào shìwù huài de yímiàn, zǒngshì gǎndào qiántú wúwàng, nà jiù méiyǒu bǎ huàishì

变成好事的/勇气和动力，就永远/不能解决问题，只能/原地踏步。
biànchéng hǎoshì de yǒngqì hé dònglì, jiù yǒngyuǎn bù néng jiějué wèntí, zhǐ néng yuándì tàbù.

总之，“好事/要往坏处想，坏事/要往好处想”，这要比“凡事/都往好处想”
Zǒngzhī, “hǎoshì yào wǎng huàichù xiǎng, huàishì yào wǎng hǎochù xiǎng”, zhè yào bǐ “fán shì dōu wǎng hǎochù xiǎng”

来得客观，这样/既看到了/光明的一面，又看到了/隐藏的危险，
lái de kèguān, zhèyàng jì kàndào le guāngmíng de yí miàn, yòu kàndào le yǐncáng de wēixiǎn,

可以让我们/永远保持/良好的心态。
kěyǐ ràng wǒmen yǒngyuǎn bǎochí liánghǎo de xīntài.

해석 어떤 사람은 '모든 일은 좋은 쪽으로 생각해야 한다.'라고 하는데, 나는 오히려 '좋은 일은 나쁜 쪽으로 생각하고 나쁜 일은 좋은 쪽으로 생각해야 한다'라고 바꿔야 한다고 생각한다. 예를 들어, 어떤 사람이 복권에 당첨되었다고 하면 이것은 엄청나게 좋은 일이지만, 이 돈을 어떻게 써야 할지 냉정하게 고민해야 한다. 만약 돈을 먹고 마시고 마구 쓴다면, 머지않아 그 돈을 다 써버리게 되고, 앞으로의 인생에도 나쁜 영향을 미치게 된다. 이것이 좋은 일을 나쁜 쪽으로 생각하지 않으면, 결국 좋은 일이 나쁜 일이 된다는 것이다. 반대로, 사물의 나쁜 면만 보고, 앞날이 어둡고 희망이 없다고 생각한다면, 이것은 나쁜 일을 좋은 쪽으로 바꿀 용기와 동기부여가 없어서 그런 것이기 때문에, 영원히 문제를 해결하지 못하고 제자리걸음만 하게 되는 것이다. 요컨대, '좋은 일을 나쁜 쪽으로 생각하고 나쁜 일은 좋은 쪽으로 생각하라'는 것은 '모든 일을 좋은 쪽으로 생각하라'보다 더 객관적이게 다가온다. 이렇게 하면 밝은 면도 볼 수 있고, 숨겨진 위험도 볼 수 있어서 우리가 항상 좋은 마음을 가질 수 있게 한다.

07 자주 틀리는 다음자1

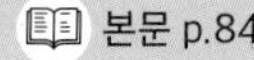
본문 p.84

모범 답변

MP3 7-3

人们一般/会有一种投机的心理，我们把它称为/“中彩票”的心理，
Rénmen yìbān huì yǒu yì zhǒng tóujī de xīnlǐ, wǒmen bǎ tā chēngwéi “zhòng cǎipiào” de xīnlǐ,

这种渴望一夜暴富的心理，对成功/是没有好处的。我们生活在一个/
zhè zhǒng kěwàng yí yè bàofù de xīnlǐ, duì chénggōng shì méiyǒu hǎochù de. wǒmen shēnghuó zài yí ge

充满竞争的社会中，要想在竞争中/立于不败之地，必须/有真才实学，而不是/靠投机取巧。
chōngmǎn jìngzhēng de shèhuì zhōng, yào xiǎng zài jìngzhēng zhōng lìyú búbài zhīdì, bìxū yǒu zhēncái shíxué, ér bú shì kào tóujī qǔqiǎo.

做演员的/“台上一分钟，台下十年功”，
Zuò yǎnyuán de “táishàng yì fēnzhōng, táixià shí nián gōng”,

做教师的/“要给学生一碗水，自己/就需要有一桶水”。也就是说，
zuò jiàoshī de “yào gěi xuésheng yì wǎn shuǐ, zìjǐ jiù xūyào yǒu yì tǒng shuǐ”. Yě jiùshì shuō,

做演员的，如果/没有扎实的基本功，那么/你就无法给观众带来/精彩的表演；
zuò yǎnyuán de, rúguǒ méiyǒu zhāshí de jīběngōng, nàme nǐ jiù wúfǎ gěi guānzhòng dàilai jīngcǎi de biǎoyǎn;

做教师的，如果/没有长期的积累，那么/你就无法赢得学生的尊重。我们都渴望成功，
zuò jiàoshī de, rúguǒ méiyǒu chángqī de jīlěi, nàme nǐ jiù wúfǎ yíngdé xuésheng de zūnzhòng. Wǒmen dōu kěwàng chénggōng,

可是，成功/其实是没有什么特别的方法的。千里之行，始于足下。
kěshì, chénggōng qíshí shì méiyǒu shénme tèbié fāngfǎ de. Qiānlǐ zhī xíng, shǐyú zúxià.

要想成功，就需要平时/一点一滴的积累；要想成功，就需要/不断地努力。
Yào xiǎng chénggōng, jiù xūyào píngshí yì diǎn yì dī de jīliě; yào xiǎng chénggōng, jiù xūyào búduàn de nǔlì.

해석 사람들은 보통 투기 심리를 가지고 있는데, 우리는 이것을 '복권 당첨' 심리라고 부른다. 하루 아침에 벼락 부자를 갈망하는 심리는 성공에 도움이 되지 않는다. 우리의 인생은 경쟁이 가득한 사회에서 살고 있고, 경쟁에서 무패의 위치에 서려면 반드시 투기에 의존하지 않고 진정한 재능과 학문이 있어야 한다. 배우는 '무대 위의 1분을 위해 무대 아래서 10년 동안 노력을 해야 하고', 교사는 '학생에게 물 한 그릇을 주기 위해 자신은 물 한 통이 필요하다'. 즉, 배우로서의 기본기가 탄탄하지 않으면 관객에게 멋진 연기를 보여줄 수 없고, 교사로서 오랫동안 쌓아온 것이 없다면 학생들의 존경을 받을 수 없다. 우리는 모두 성공을 갈망하지만, 성공은 사실 특별한 방법이 없다. 천 리 길도 한 걸음부터 시작하듯이 성공하려면 평소 조금씩 노력해야 하고, 성공하려면 부단한 노력이 필요하다.

08 자주 틀리는 다음자2

본문 p.94

모범 답변

当你拥有6个苹果的时候，千万不要/把它们都吃掉，因为/把它们全吃掉，
Dāng nǐ yōngyǒu liù ge píngguǒ de shíhou, qiānwàn bú yào bǎ tāmen dōu chīdiào, yīnwèi bǎ tāmen quán chīdiào,

你也只能吃到/一种味道，那就是/苹果的味道。如果/你把6个苹果中的5个/
nǐ yě zhǐnéng chīdào yì zhǒng wèidào, nà jiùshì píngguǒ de wèidào. Rúguǒ nǐ bǎ liù ge píngguǒ zhōng de wǔ ge

拿出来给别人吃，尽管/表面上你失掉了5个苹果，但实际上/你却得到了/
ná chūlai gěi biérén chī, jǐnguǎn biǎomiàn shàng nǐ shīdiào le wǔ ge píngguǒ, dàn shíjì shàng nǐ què dédào le

其他5个人的友情和好感。以后/你还能得到更多，当别人/有了别的水果的
qítā wǔ ge rén de yǒuqíng hé hǎogǎn. Yǐhòu nǐ hái néng dédào gèng duō, dāng biérén yǒu le biéde shuǐguǒ de

时候，也一定会/和你分享，你会从这个人手里/得到一个桔子，从那个人手里/
shíhou, yě yídìng huì hé nǐ fēnxiǎng, nǐ huì cóng zhège rén shǒulǐ dédào yí ge júzi, cóng nàge rén shǒulǐ

得到一个梨，最后/你就可能/获得6种不同的水果，6种不同的味道，
dédào yí ge lí, zuìhòu nǐ jiù kěnéng huòdé liù zhǒng bùtóng de shuǐguǒ, liù zhǒng bùtóng de wèidào,

6个人的友谊。你一定要学会/用你拥有的东西/去换取对你来说/更加重要的东西。
liù ge rén de yǒuyì. Nǐ yídìng yào xuéhuì yòng nǐ yōngyǒu de dōngxi qù huànqǔ duì nǐ lái shuō gèngjiā zhòngyào de dōngxi.

所以说，放弃/是一种智慧。每一次放弃/都会是一次升华，舍得舍得，
Suǒyǐ shuō, fàngqì shì yì zhǒng zhìhuì. Měi yí cì fàngqì dōu huì shì yí cì shēnghuá, shěde shědé,

有舍/才会有得。
yǒu shě cái huì yǒu dé.

해석 만약 당신이 사과 6개를 가지고 있다면, 그것을 절대 다 먹지 말아야 한다. 왜냐하면 다 먹으면 당신은 결국 한 가지 맛만 볼 수 있는데, 그건 바로 사과의 맛이다. 만약 당신이 6개의 사과 중 5개를 다른 사람에게 나누어 준다면, 비록 표면적으로는 당신이 5개의 사과를 잃은 것이지만, 실제로는 5명의 우정과 호감을 얻게 되는 것이다. 이후에는 더 많은 것을 얻을 수도 있는데, 다른 사람에게 다른 과일이 생길 때 반드시 당신과 나눌 것이기 때문이다. 당신은 이 사람에게서 귤을 얻고, 저 사람에게서 배를 얻어, 결국 마지막에 당신은 6개의 서로 다른 과일, 6개의 다른 맛, 6명의 우정을 얻을 수 있다. 당신은 당신이 가진 것을 당신에게 더 중요한 것과 교환하는 방법을 배워야 한다. 그래서 포기도 일종의 지혜이다. 한 번의 포기는 한 단계 높아지는 것이고, 나누는 것을 아까워하지 않아야 하며, 버리는 것이 있어야 얻는 것이 있다.

제3부분 나만의 DIY 답변

09 휴가나 인생 계획

본문 p.103

모범 답변

请介绍一下你们国家的人一般是怎么度过假期的。(2. 5分钟)
당신의 나라 사람들은 보통 어떻게 휴가를 보내는지 소개해 주세요.

我是/ 韩国人，我来介绍一下/ 我们国家的人 /是怎么度过假期的。
Wǒ shì Hánguórén, wǒ lái jièshào yíxià wǒmen guójiā de rén shì zěnme dùguò jiàqī de.

首先，我们国家的人/假期一般都会/ 去旅游 。 旅行的 好处/众所周知，
Shǒuxiān, wǒmen guójiā de rén jiàqī yìbān dōu huì qù lǚyóu. Lǚxíng de hǎochù zhòngsuǒzhōuzhī,

它不但可以/ 让我们暂时忘掉 / 生活中的各种烦恼和压力， 还可以 开拓 / 我们的视野 ，
tā búdàn kěyǐ ràng wǒmen zànshí wàngdiào shēnghuó zhōng de gè zhǒng fánnǎo hé yālì, hái kěyǐ kāituò wǒmen de shìyě,

增长 / 我们的见识 。其次，我们国家的人 / 都会利用假期 / 去见一见朋友们 。
zēngzhǎng wǒmen de jiànshí. Qícì, wǒmen guójiā de rén dōu huì lìyòng jiàqī qù jiàn yi jiàn péngyoumen.

因为/ 工作太忙， 平时没有时间/和朋友们见面 。所以很多人/都会利用假期/
Yīnwèi gōngzuò tài máng, píngshí méiyǒu shíjiān hé péngyoumen jiànmiàn. Suǒyǐ hěn duō rén dōu huì lìyòng jiàqī

跟朋友们好好聚一聚，沟通一下/感情，因为朋友也是/我们人生中/非常重要的一部分。
gēn péngyoumen hǎohāo jù yi jù, gōutōng yíxià gǎnqíng, yīnwèi péngyou yě shì wǒmen rénshēng zhōng fēicháng zhòngyào de yí bùfen.

最后，利用假期/锻炼身体的人/也很多。我们韩国人/很重视健康。
Zuìhòu, lìyòng jiàqī duànliàn shēntǐ de rén yě hěn duō. Wǒmen Hánguórén hěn zhòngshì jiànkāng.

因为/只有身体健康，才有精力/去更加努力地/学习和工作。以上我介绍了一下/我们国家的/人是怎么度过/假期的。
Yīnwèi zhǐyǒu shēntǐ jiànkāng, cái yǒu jīnglì qù gèngjiā nǔlì de xuéxí hé gōngzuò. Yǐshàng wǒ jièshào le yíxià wǒmen guójiā de rén shì zěnme dùguò jiàqī de.

해석 저는 한국인인데, 우리나라 사람들이 어떻게 휴가를 보내는지에 대해 소개하겠습니다. 첫째, 우리나라 사람들은 휴가 기간에 보통 여행을 갑니다. 여행의 장점은 모두 다 알고 있듯이, 여행은 우리의 각종 고민과 스트레스를 잠시 잊게 할 뿐만 아니라 우리의 시야와 식견도 넓힐 수 있습니다. 둘째, 우리나라 사람들은 보통 휴가를 이용해 친구들을 만납니다. 왜냐하면 일이 너무 바빠서, 평소에는 친구들을 만날 시간이 없기 때문입니다. 그래서 많은 사람들은 친구들과 제대로 모여서 감정을 교류합니다. 왜냐하면 친구도 우리의 인생에서 매우 중요한 부분이기 때문입니다. 마지막으로, 휴가를 이용해서 운동하는 사람도 매우 많습니다. 한국인들은 건강을 매우 중요하게 여깁니다. 왜냐하면 몸이 건강해야만, 열심히 공부하고 일할 수 있는 에너지가 있기 때문입니다. 이상으로 우리나라 사람들이 어떻게 휴가를 보내는지에 대해 소개했습니다.

10 가치관, 견해

본문 p.110

모범 답변

MP3 10-3

对成功而言，能力和运气哪个更重要？为什么？(2.5分钟)
성공에 있어서 능력과 운 중 어느 것이 더 중요한가요? 왜 그렇게 생각하나요?

对成功/而言，能力/更重要？还是/运气更重要？对这个问题的看法/
Duì chénggōng ér yán, nénglì gèng zhòngyào? Háishi yùnqì gèng zhòngyào? Duì zhège wèntí de kànfǎ

当然是仁者见仁/智者见智的。我个人认为，这个问题/其实不是/单选题，而是/多选题。
dāngrán shì rénzhě jiàn rén zhìzhě jiàn zhì de. Wǒ gèrén rènwéi, zhège wèntí qíshí bú shì dān xuǎn tí, érshì duō xuǎn tí.

换句话说，要想 成功 的话，能力和运气/一样重要，不能说/哪个更重要。

Huàn jù huà shuō, yào xiǎng chénggōng de huà, nénglì hé yùnqì yíyàng zhòngyào, bù néng shuō nǎge gèng zhòngyào.

理由如下：如果你只有能力 / 而没有运气的话，有时候 / 真的再努力 / 也无法成功 ，

Lǐyóu rúxià: rúguǒ nǐ zhǐyǒu nénglì ér méiyǒu yùnqì dehuà, yǒushíhou zhēn de zài nǔlì yě wúfǎ chénggōng,

所以运气/也很重要 。反过来，如果你 只有运气/而没有能力的话，就算/

suǒyǐ yùnqì yě hěn zhòngyào. Fǎn guòlai, rúguǒ nǐ zhǐyǒu yùnqì ér méiyǒu nénglì dehuà, jiù suàn

运气天天都来/找你，你也没有能力/抓住它，运气再好/也不可能成功 。古人云：

yùnqì tiāntiān dōu lái zhǎo nǐ, nǐ yě méiyǒu nénglì zhuāzhù tā, yùnqì zài hǎo yě bù kě néng chénggōng. Gǔrén yún:

"尽人事/听天命"，意思/就是说，首先/ 要努力提高/自己的能力 ，然后/ 等待机遇 。

"jìn rénshì tīng tiānmìng", yìsi jiùshì shuō, shǒuxiān yào nǔlì tígāo zìjǐ de nénglì, ránhòu děngdài jīyù.

总之，我认为/ 要想成功，既要有能力/又要有运气 ，两者/都非常重要。

Zǒngzhī, wǒ rènwéi yào xiǎng chénggōng, jì yào yǒu nénglì yòu yào yǒu yùnqì, liǎng zhě dōu fēicháng zhòngyào.

해석 성공에 있어서, 능력이 더 중요한가? 아니면 운이 더 중요한가? 이 문제에 대한 견해는 당연히 사람마다 다릅니다. 저는 개인적으로 이 문제는 사실 하나의 답이 있는 것이 아니라, 답이 여러 개라고 생각합니다. 다시 말해, 저는 성공하기 위해서 능력과 운이 똑같이 중요하여, 어느 것이 더 중요하다고 말할 수 없다고 생각합니다. 이유는 다음과 같습니다. 만약 당신이 능력만 있고 운이 없다면, 어떤 경우에는 아무리 노력해도 성공할 수 없기 때문에 운도 중요합니다. 반대로, 당신이 운만 있고 능력이 없다면, 행운이 매일 찾아와도 그것을 잡을 능력이 없어, 운이 아무리 좋아도 성공하기 어렵습니다. 옛말에 '진인사대천명'이란 말이 있는데, 그 의미는 바로 자신의 능력을 향상시키려는 노력을 먼저 하고, 그 다음 기회를 기다려야 한다는 것입니다. 요컨대, 저는 성공하려면 능력과 운 모두 있어야 하기 때문에, 둘 다 중요하다고 생각합니다.

11 이슈에 대한 견해

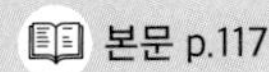
본문 p.117

모범 답변

MP3 11-3

你认为网店会取代实体店吗？为什么？(2.5分钟)
당신은 온라인 쇼핑몰이 오프라인 상점을 대체할 것이라고 생각하나요? 왜 그렇게 생각하나요?

随着时代的发展，网店/应运而生。作为/新时代的产物，网店的优势/是不言而喻的。
Suízhe shídài de fāzhǎn, wǎngdiàn yìngyùn ér shēng. Zuòwéi xīn shídài de chǎnwù, wǎngdiàn de yōushì shì bùyán éryù de.

但是/我个人认为，网店和实体店/各有各的优势，网店/绝对不会取代/实体店。
Dànshì wǒ gèrén rènwéi, wǎngdiàn hé shítǐ diàn gè yǒu gè de yōushì, wǎngdiàn juéduì bú huì qǔdài shítǐ diàn.

我的理由/如下：网店购物/比较方便，我们随时随地/都可以上网店/去逛一逛，
Wǒ de lǐyóu rúxià: wǎngdiàn gòuwù bǐjiào fāngbiàn, wǒmen suíshí suídì dōu kěyǐ shàng wǎngdiàn qù guàng yi guàng,

但是，如果是/想买一件衣服/或一双鞋的话，实体店/当然更适合你。
dànshì, rúguǒ shì xiǎng mǎi yí jiàn yīfu huò yì shuāng xié dehuà, shítǐ diàn dāngrán gèng shìhé nǐ.

因为实体店/可以试穿，而网店/却不行。另外，买菜买水果/也一样，
Yīnwèi shítǐ diàn kěyǐ shìchuān, ér wǎngdiàn què bù xíng. Lìngwài, mǎi cài mǎi shuǐguǒ yě yíyàng,

因为/我们不能/亲自挑选，所以有时候/收到的水果和蔬菜/并不新鲜。
yīnwèi wǒmen bù néng qīnzì tiāoxuǎn, suǒyǐ yǒushíhou shōudào de shuǐguǒ hé shūcài bìng bù xīnxiān.

综上所述，我认为/实体店/是网店/无法取代的，实体店/是不会消失的。
Zōng shàng suǒ shù, wǒ rènwéi shítǐ diàn shì wǎngdiàn wúfǎ qǔdài de, shítǐ diàn shì bú huì xiāoshī de.

해석 시대가 발전함에 따라, 온라인 쇼핑몰이 생겨났습니다. 새로운 시대의 산물인 온라인 쇼핑몰의 강점은 말하지 않아도 다들 알고 있습니다. 그러나 저는 개인적으로 오프라인 상점과 온라인 쇼핑몰은 각각 장점이 있고 온라인 쇼핑몰은 결코 오프라인 상점을 대체하지 않을 것이라고 생각합니다. 이유는 다음과 같습니다. 온라인 쇼핑몰은 쇼핑이 비교적 편리하여, 우리는 언제 어디서나 인터넷에서 둘러볼 수 있습니다. 하지만 당신이 옷이나 신발 한 켤레를 사고 싶다면 오프라인 상점이 더 적합할 것입니다. 오프라인에서는 직접 입어 보거나 신어 볼 수 있지만 온라인에서는 안 되기 때문입니다. 이 외에, 과일이나 채소를 살 때도 마찬가지입니다. 우리가 직접 고를 수 없기 때문에, 가끔 온라인에서 받은 과일과 채소가 신선하지 않을 수 있습니다. 종합하자면, 저는 오프라인 상점을 온라인 쇼핑몰이 대체할 수 없고, 오프라인 상점은 사라지지 않을 것이라고 생각합니다.

12 명언, 속담에 대한 견해

본문 p.124

모범 답변

俗话说“言多必失”，你怎么看？为什么？（2.5分钟）

'말이 많으면 반드시 실수한다'라는 속담에 대해 당신은 어떻게 생각하나요? 왜 그렇게 생각하나요?

俗话说/“言多必失”，这句话/不无道理。它的意思是/提醒我们/少说话，多倾听。

Súhuà shuō "yán duō bì shī", zhè jù huà bù wú dàolǐ. Tā de yìsi shì tíxǐng wǒmen shǎo shuōhuà, duō qīngtīng.

比如说，当我们跟朋友/聊天时，如果/总是强调/自己的看法的话，就容易说错话，

Bǐrú shuō, dāng wǒmen gēn péngyou liáotiān shí, rúguǒ zǒngshì qiángdiào zìjǐ de kànfǎ dehuà, jiù róngyì shuōcuò huà,

让对方/产生反感。这时/我们应该/时刻提醒自己/“言多必失”。

ràng duìfāng chǎnshēng fǎngǎn. Zhè shí wǒmen yīnggāi shíkè tíxǐng zìjǐ "yán duō bì shī".

但是/言多一定必失吗？答案当然是/否定的。我认为/也有应该/多说话的情况。

Dànshì yán duō yídìng bì shī ma? Dá'àn dāngrán shì fǒudìng de. Wǒ rènwéi yě yǒu yīnggāi duō shuōhuà de qíngkuàng.

比如说/ 在学习/和工作上，当别人的观点/跟我们的观点/不一致时，
Bǐrú shuō zài xuéxí hé gōngzuò shàng, dāng biérén de guāndiǎn gēn wǒmen de guāndiǎn bù yízhì shí,

我们就应该/大胆地/把自己的观点/说出来，一起讨论，即使/我们的观点/是错误的，
wǒmen jiù yīnggāi dàdǎn de bǎ zìjǐ de guāndiǎn shuō chūlai, yìqǐ tǎolùn, jíshǐ wǒmen de guāndiǎn shì cuòwù de,

这也是/一个学习的过程 。综上所述，我认为/言多不一定必失，要根据/具体的情况，做出/理智的判断。
zhè yě shì yí ge xuéxí de guòchéng. Zōng shàng suǒ shù, wǒ rènwéi yán duō bù yídìng bì shī, yào gēnjù jùtǐ de qíngkuàng, zuòchū lǐzhì de pànduàn.

해석 '말이 많으면 반드시 실수한다'라는 말은 어느 정도 일리가 있습니다. 이 말은 우리에게 말을 아끼고 많이 경청하라고 일깨웁니다. 예를 들어, 우리가 친구와 이야기를 나눌 때, 만약 줄곧 자신의 생각만 강조하다 보면 말실수하기 쉽고, 상대방에게 반감을 줄 수 있습니다. 이럴 때 우리는 늘 '말이 많으면 꼭 실수하는 법'이라는 것을 스스로에게 상기시켜야 합니다. 그러나 말이 많다고 반드시 실수하는 것일까? 답은 당연히 '아니다'입니다. 저는 말을 많이 해야 하는 상황이 있다고 생각합니다. 예를 들어 공부와 일에 있어서 다른 사람의 관점이 우리와 일치하지 않을 때, 우리는 반드시 자신의 관점을 말하고 함께 토론해야 합니다. 설령 우리의 관점이 틀렸더라도, 이것은 하나의 학습 과정입니다. 종합하면, 저는 말이 많다고 꼭 실수하는 것은 아니라고 생각합니다. 구체적인 상황에 따라 이성적인 판단을 해야 합니다.

13 사회 이슈

본문 p.131

모범 답변

你支持"大学生创业"吗？为什么？(2.5分钟)
당신은 '대학생 창업'에 대해 지지하나요? 왜 그렇게 생각하나요?

说到/ 大学生创业 ，这一直是一个/颇具争议的话题。虽然/每个学生的情况/都不一样，
Shuōdào dàxuéshēng chuàngyè, zhè yìzhí shì yí ge pōjù zhēngyì de huàtí. Suīrán měi ge xuésheng de qíngkuàng dōu bù yíyàng,

具体问题/应该具体分析，但是总的来说，我反对/大学生创业，理由如下：
jùtǐ wèntí yīnggāi jùtǐ fēnxī, dànshì zǒng de lái shuō, wǒ fǎnduì dàxuéshēng chuàngyè, lǐyóu rúxià:

首先，大学生/年龄还小，心理并不/成熟，通过创业/赚到了钱/会让他们变得/很浮躁，
shǒuxiān, dàxuéshēng niánlíng hái xiǎo, xīnlǐ bìng bù chéngshú, tōngguò chuàngyè zhuàndào le qián huì ràng tāmen biàn de hěn fúzào,

他们会觉得/赚钱很容易，很容易变得/狂妄自大。
tāmen huì juéde zhuàn qián hěn róngyì, hěn róngyì biàn de kuángwàng zìdà.

其次，虽然大部分学生/都是拿很少的钱来/投资创业的，但是太年轻，
Qícì, suīrán dàbùfen xuésheng dōu shì ná hěn shǎo de qián lái tóuzī chuàngyè de, dànshì tài niánqīng,

所以一旦/创业失败了，他们就会/受到很大的打击，振作不起来。
suǒyǐ yídàn chuàngyè shībài le, tāmen jiù huì shòudào hěn dà de dǎjī, zhènzuò bu qǐlai.

另外，创业需要/有丰富的工作经验。综上所述，我认为/创业不应该着急，
Lìngwài, chuàngyè xūyào yǒu fēngfù de gōngzuò jīngyàn. Zōng shàng suǒ shù, wǒ rènwéi chuàngyè bù yīnggāi zháojí,

大学生最好/是好好学习，毕业以后/积累了丰富的经验以后/再创业也不晚。
dàxuéshēng zuìhǎo shì hǎohāo xuéxí, bìyè yǐhòu jīlěi le fēngfù de jīngyàn yǐhòu zài chuàngyè yě bù wǎn.

해석 대학생 창업에 관한 것은 항상 논란이 많은 주제였습니다. 비록 학생마다 상황이 달라서, 문제에 따라 다르게 분석해야 하지만, 전체적으로 저는 대학생이 창업하는 것을 반대합니다. 이유는 다음과 같습니다. 우선 대학생은 아직 어리고 심리적으로 성숙하지 않아, 창업으로 돈을 벌면 들뜨게 되고, 돈 버는 것이 쉽다고 여기면서 오만해지기 쉽습니다. 둘째, 비록 대부분의 학생들은 아주 적은 돈을 투자하여 창업을 시작하지만, 그들은 아직 너무 젊기 때문에 일단 창업을 실패하게 되면 큰 타격을 받고 다시 일어서기 힘들 것입니다. 또한, 창업은 풍부한 업무 경험이 필요합니다. 종합하면, 저는 창업은 서두르지 말아야 한다고 생각합니다. 대학생은 열심히 공부하는 것이 가장 좋고, 졸업한 다음 풍부한 업무 경험을 쌓은 후에 창업해도 늦지 않습니다.

14 일상 생활

본문 p.138

모범 답변

你觉得自己和父母那一代人有什么相同和不同的地方？（2. 5分钟）
당신은 자신과 부모 세대의 공통점과 차이점이 무엇이라고 생각하나요?

我和父母不是/一个年代的人，有 不同的地方 /是理所当然的。
Wǒ hé fùmǔ bú shì yí ge niándài de rén, yǒu bùtóng de dìfang shì lǐsuǒ dāngrán de.

我来举例说说/我和父母/在哪些方面/不同。比如说，我的父母/小时候没有/
Wǒ lái jǔlì shuōshuo wǒ hé fùmǔ zài nǎxiē fāngmiàn bùtóng. Bǐrú shuō, wǒ de fùmǔ xiǎo shíhou méiyǒu

电脑和手机 ，所以他们 不喜欢/让我玩儿手机/和电脑，他们总是/让我去外面/玩儿 ，
diànnǎo hé shǒujī, suǒyǐ tāmen bù xǐhuan ràng wǒ wánr shǒujī hé diànnǎo, tāmen zǒngshì ràng wǒ qù wàimian wánr,

而我却/喜欢 在家里/玩儿手机和电脑 ，在这方面/我和父母的想法/很不同。
ér wǒ què xǐhuan zài jiā lǐ wánr shǒujī hé diànnǎo, zài zhè fāngmiàn wǒ hé fùmǔ de xiǎngfǎ hěn bùtóng.

再比如说，我重视/ 享受生活 ，而我的父母却/ 更爱强调吃苦，他们觉得/
Zài bǐrú shuō, wǒ zhòngshì xiǎngshòu shēnghuó, ér wǒ de fùmǔ què gèng ài qiángdiào chīkǔ, tāmen juéde

年轻人应该吃苦 ，在这方面/我们也很不同。除此以外，我父母小的时候/被父母打骂/是很正常的事 ，
niánqīngrén yīnggāi chīkǔ, zài zhè fāngmiàn wǒmen de xiǎngfǎ yě bùtóng. Chúcǐ yǐwài, wǒ fùmǔ xiǎo de shíhou bèi fùmǔ dǎ mà shì hěn zhèngcháng de shì,

但是/现在不能/ 打骂孩子 ，在这方面/我们的想法/也不同。
dànshì xiànzài bù néng dǎ mà háizi, zài zhè fāngmiàn wǒmen de xiǎngfǎ yě bùtóng.

虽然/我们有很多/不同的地方，但是/我们 都努力/互相理解 。
Suīrán wǒmen yǒu hěn duō bùtóng de dìfang, dànshì wǒmen dōu nǔlì hùxiāng lǐjiě.

해석 저와 부모님은 한 세대가 아니기에, 다른 부분이 있는 것은 당연합니다. 제가 예를 들어 부모님과 어떤 부분에서 서로 다른지 한번 말해 보겠습니다. 예를 들어, 부모님은 어릴 때 컴퓨터와 휴대 전화가 없었습니다. 그래서 그들은 제가 휴대 전화와 컴퓨터 하고 노는 것을 싫어하시고, 줄곧 저에게 밖에 나가서 놀라고 하십니다. 하지만 저는 집에서 휴대 전화와 컴퓨터 하고 노는 것을 좋아합니다. 이런 점에서 저와 부모님은 생각의 차이가 있습니다. 또 예를 들면, 저는 삶을 즐기는 것을 중시하지만, 우리 부모님은 고생해 보는 것을 더 강조하십니다. 그들은 젊은 사람은 고생을 해야 한다고 생각하시는데, 이런 점에서도 차이가 있습니다. 이 외에도, 우리 부모님이 어렸을 때는 부모님께 매를 맞고 혼나는 것은 당연한 일이었지만, 지금은 아이를 때려서는 안 됩니다. 이런 점에서도 우리의 생각은 서로 다릅니다. 비록 우리는 서로 다른 점이 많지만, 서로 이해하려고 노력합니다.

15 운동, 건강

본문 p.145

모범 답변

MP3 15-3

介绍一下你喜欢的运动，并说说你为什么喜欢这项运动。(2.5分钟)
당신이 좋아하는 운동에 대해 소개해 주세요. 왜 그 운동을 좋아하는지도 함께 말해 주세요.

俗话说：“身体是/革命的本钱”。只有/身体好，我们才能/好好工作。
Súhuà shuō: “shēntǐ shì gémìng de běnqián”. Zhǐyǒu shēntǐ hǎo, wǒmen cáinéng hǎohǎo gōngzuò.

所以/为了健康，我也经常/锻炼身体。首先，我喜欢/慢跑之类的/有氧运动。
Suǒyǐ wèile jiànkāng, wǒ yě jīngcháng duànliàn shēntǐ. Shǒuxiān, wǒ xǐhuan mànpǎo zhīlèi de yǒuyǎng yùndòng.

慢跑/不但可以/燃烧脂肪，有助于减肥，还可以/让我暂时忘掉/生活中的烦恼，缓解压力。
Mànpǎo búdàn kěyǐ ránshāo zhīfáng, yǒuzhùyú jiǎnféi, hái kěyǐ ràng wǒ zànshí wàngdiào shēnghuó zhōng de fánnǎo, huǎnjiě yālì.

其次，我也喜欢/深蹲之类的/无氧运动。无氧运动/有助于增加/
Qícì, wǒ yě xǐhuan shēndūn zhīlèi de wúyǎng yùndòng. Wúyǎng yùndòng yǒuzhùyú zēngjiā

肌肉的含量/和力量。另外，我还喜欢/踢足球。因为踢足球/不是个人运动，它需要/

jīròu de hánliàng hé lìliàng. Lìngwài, wǒ hái xǐhuan tī zúqiú. Yīnwèi tī zúqiú bú shì gèrén yùndòng, tā xūyào

很多人一起运动，这不但能让我/锻炼身体，还能让我/交到很多朋友，

hěn duō rén yìqǐ yùndòng, zhè búdàn néng ràng wǒ duànliàn shēntǐ, hái néng ràng wǒ jiāodào hěn duō péngyou,

可谓/一举两得。总之，运动有助于/身心健康，我建议大家/都来运动。

kěwèi yìjǔ liǎngdé. Zǒngzhī, yùndòng yǒuzhùyú shēnxīn jiànkāng, wǒ jiànyì dàjiā dōu lái yùndòng.

해석 '몸은 혁명의 밑천'이라는 말이 있듯이, 건강해야 우리는 일을 잘할 수 있습니다. 그래서 건강을 위해, 저는 자주 운동을 합니다. 첫째, 저는 조깅 같은 유산소 운동을 좋아합니다. 조깅은 지방을 연소시켜 다이어트에 도움이 될 뿐만 아니라, 생활 속의 고민을 잠깐 잊고 스트레스를 완화시킵니다. 다음으로, 저는 스쿼 같은 무산소 운동도 좋아합니다. 무산소 운동은 근육의 함량과 힘을 증가시키는 데 도움이 됩니다. 이 외에 저는 축구하는 것도 좋아합니다. 왜냐하면 축구는 개인 운동이 아니라, 많은 사람들이 함께 운동해야 하기 때문입니다. 이것은 운동이 될 뿐만 아니라 많은 친구를 사귈 수 있어 일석이조라고 할 수 있습니다. 아무튼, 운동은 몸과 마음 건강에 도움이 되므로 저는 모두들 운동하는 것을 추천합니다.

16 학교, 직장

본문 p.152

모범 답변

你觉得有必要对孩子进行早期教育吗？为什么？(2.5分钟)
당신은 아이에게 조기 교육을 시킬 필요가 있다고 생각하나요? 왜 그렇게 생각하나요?

凡事都是/因人而异的， 早期教育 /也是如此。有的孩子适合/ 早一点开始学习/
Fán shì dōu shì yīnrén'éryì de, zǎoqī jiàoyù yě shì rúcǐ. Yǒu de háizi shìhé zǎo yìdiǎn kāishǐ xuéxí

各种知识 ，有的孩子/不适合，这个问题/不能一概而论。
gè zhǒng zhīshí, yǒu de háizi bù shìhé, zhège wèntí bù néng yígài érlùn.

但总体来说，我认为/ 没有必要/过早地开始/教孩子学/太多的东西 ，理由如下：
Dàn zǒngtǐ lái shuō, wǒ rènwéi méiyǒu bìyào guòzǎo de kāishǐ jiāo háizi xué tài duō de dōngxi, lǐyóu rúxià:

第一，孩子过早/开始学习的话， 到了后来，很容易/对学习产生反感 。
dì yī, háizi guòzǎo kāishǐ xuéxí dehuà, dào le hòulái, hěn róngyì duì xuéxí chǎnshēng fǎngǎn.

第二，随着/ 年龄 的增长，孩子的 理解能力/会越来越强。小时候/一年也学不完/的东西，
Dì èr, suízhe niánlíng de zēngzhǎng, háizi de lǐjiě nénglì huì yuèláiyuè qiáng. Xiǎo shíhou yì nián yě xué bu wán de dōngxi,

上了中学以后/一个月就可以/学完 。所以 没必要/让小孩子/太早开始学习 。
shàng le zhōngxué yǐhòu yí ge yuè jiù kěyǐ xuéwán. Suǒyǐ méi bìyào ràng xiǎo háizi tài zǎo kāishǐ xuéxí.

总之，我认为/小孩子根本不清楚/学习的目的，他们不可能/主动学习，
Zǒngzhī, wǒ rènwéi xiǎo háizi gēnběn bù qīngchu xuéxí de mùdì, tāmen bù kěnéng zhǔdòng xuéxí,

所以 太早开始/让孩子学习 /很难达到/父母的预期。

suǒyǐ tài zǎo kāishǐ ràng háizi xuéxí hěn nán dádào fùmǔ de yùqī.

해석 모든 일은 사람에 따라 다른데, 조기 교육도 마찬가지입니다. 어떤 아이는 조금 일찍 각종 지식을 배우는 게 적합하고, 어떤 아이는 적합하지 않기 때문에, 이 문제는 일률적으로 논할 수 없습니다. 그러나 전체적으로 봤을 때, 저는 너무 일찍부터 아이에게 많은 것을 가르칠 필요가 없다고 생각합니다. 이유는 다음과 같습니다. 첫째, 아이가 지나치게 일찍 배우기 시작하면, 나중에는 공부에 대한 거부감이 생기기 쉽습니다. 둘째, 나이가 들수록 아이의 이해력이 점점 더 향상되는데, 어릴 때 1년 동안 다 배우지 못한 것을 중학교 때는 한 달이면 다 배울 수 있습니다. 그렇기 때문에 지나치게 일찍 아이에게 공부를 시킬 필요가 없습니다. 어쨌든, 저는 아이들은 학습의 목적을 전혀 모르기 때문에, 주동적으로 공부할 수 없다고 생각합니다. 그래서 너무 이른 조기 교육은 부모의 기대에 미치기 어렵습니다.

제3부분 실전 테스트

09 휴가나 인생 계획

본문 p.104

5. 请谈谈你未来三年的人生规划。(2.5分钟)

당신의 향후 3년간 인생 계획에 대해 말해 주세요.

핵심 키워드로 브레인스토밍하기

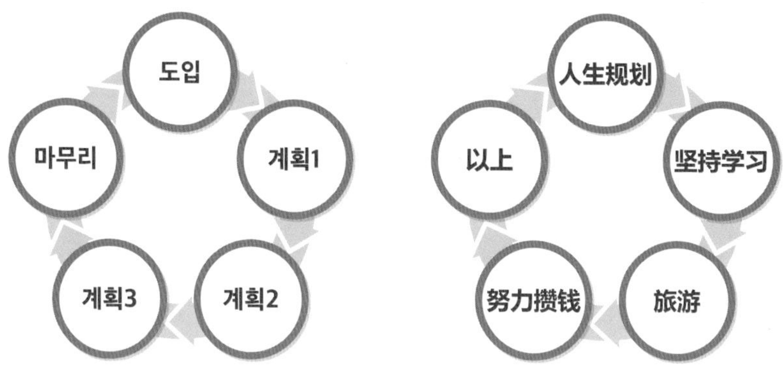

답변 템플릿

도입	저의 앞으로 ○○○년간의 인생 계획은 다음과 같습니다.
전개	첫째, 저는 ○○○을 꾸준히 할 것입니다. 속담에 ○○○이라는 말이 있듯이 저는 ○○○을 할 것입니다. 둘째, 저는 매년 ○○○을 한 번 할 것입니다. 왜냐하면 ○○○ 때문입니다. 셋째, 저는 열심히 ○○○을 할 것입니다.
마무리	이것이 앞으로 저의 ○○○년간 인생 계획입니다.

모범 답변

我未来三年的/人生规划/如下：第一，我要坚持/学习汉语。
Wǒ wèilái sān nián de rénshēng guīhuà rúxià: dì yī, wǒ yào jiānchí xuéxí Hànyǔ.

俗话说："活到老/学到老"，即使这次口语考试/取得了好成绩，我也会/继续学下去，我要/让我的汉语/真正达到高级水平。
Súhuà shuō: "huódào lǎo xuédào lǎo", jíshǐ zhè cì kǒuyǔ kǎoshì qǔdé le hǎo chéngjì, wǒ yě huì jìxù xué xiàqu, wǒ yào ràng wǒ de Hànyǔ zhēnzhèng dádào gāojí shuǐpíng.

第二，我打算/每年都去中国/旅游一次。因为这样/既可以让我/了解中国文化，还可以让我/用中文/跟中国人沟通，可谓/一举两得。
Dì èr, wǒ dǎsuàn měi nián dōu qù Zhōngguó lǚyóu yí cì. Yīnwèi zhèyàng jì kěyǐ ràng wǒ liǎojiě Zhōngguó wénhuà, hái kěyǐ ràng wǒ yòng Zhōngwén gēn Zhōngguórén gōutōng, kěwèi yìjǔ liǎngdé.

第三，我要努力/攒钱，然后陪我的父母/一起去国外旅游。
Dì sān, wǒ yào nǔlì zǎn qián, ránhòu péi wǒ de fùmǔ yìqǐ qù guówài lǚyóu.

我的父母/为我付出了/很多，以后/我想好好孝敬/他们。
Wǒ de fùmǔ wèi wǒ fùchū le hěn duō, yǐhòu wǒ xiǎng hǎohǎo xiàojìng tāmen.

以上就是/我未来三年的/人生规划。
Yǐshàng jiùshì wǒ wèilái sān nián de rénshēng guīhuà.

해석 저의 앞으로 3년간의 인생 계획은 다음과 같습니다. 첫째, 저는 중국어를 꾸준히 공부할 것입니다. '늙을 때까지 배운다'는 말이 있듯이 설령 이번 말하기 시험에서 좋은 성적을 거두더라도, 저는 계속 배워, 저의 중국어 실력이 진정한 고급 수준에 이르도록 할 것입니다. 둘째, 저는 매년 중국 여행을 한 번 갈 것입니다. 왜냐하면 그러면 저는 중국 문화를 이해할 수도 있고, 중국어로 중국인과 소통도 할 수 있어, 일석이조라고 할 수 있습니다. 셋째, 저는 열심히 돈을 모아서 부모님을 모시고 해외 여행을 갈 것입니다. 부모님께서 저를 위해 많이 베풀어 주셨으니 앞으로 제대로 효도하고 싶습니다. 이것이 앞으로 3년간 저의 인생 계획입니다.

10 가치관, 견해

본문 p.111

5. 你认为理想的生活状态是什么样的？请简单说说。（2.5分钟）

당신은 어떤 생활이 이상적이라고 생각하나요? 간단하게 말해 주세요.

핵심 키워드로 브레인스토밍하기

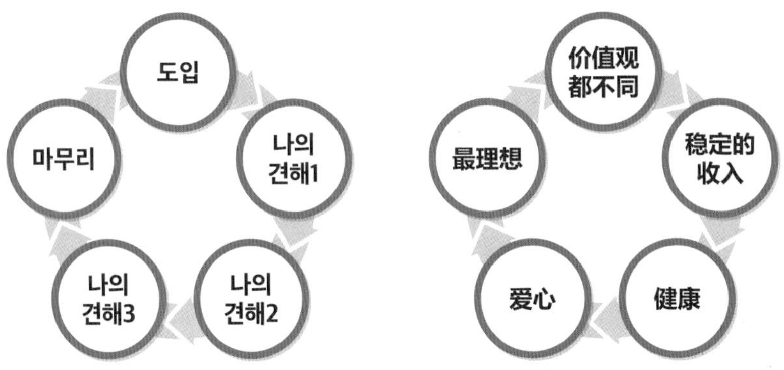

답변 템플릿

도입	사람마다 인생관과 가치관이 다르기 때문에, 이상적인 생활도 사람마다 다를 수밖에 없습니다.
전개	저는 개인적으로, 이상적인 생활은 먼저 ○○○가 있어야 한다고 생각합니다. 왜냐하면 ○○○이 없으면, 우리는 ○○○을 걱정해야 하는데, 이러한 생활은 분명 이상적인 상태가 아닐 것입니다. 다음으로, 이상적인 생활은 ○○○가 있어야 한다고 생각합니다. ○○○가 없다면 이상적인 생활은 말할 수도 없기 때문입니다. 마지막으로, 이상적인 생활은 사랑하는 마음이 있어야 한다고 생각합니다.
마무리	저는 이 세 가지를 갖춘다면 가장 이상적인 생활이라고 생각합니다.

모범 답변

每个人的人生观/和价值观/都不同，因此/理想的生活状态/也肯定是/因人而异的。

Měi ge rén de rénshēng guān hé jiàzhí guān dōu bùtóng, yīncǐ lǐxiǎng de shēnghuó zhuàngtài yě kěndìng shì yīnrén'éryì de.

就我个人而言，我认为/理想的生活状态/首先/应该有/稳定的收入。

Jiù wǒ gèrén ér yán, wǒ rènwéi lǐxiǎng de shēnghuó zhuàngtài shǒuxiān yīnggāi yǒu wěndìng de shōurù.

因为/如果收入不稳定/的话，我们每天都要/为吃饭的问题/而担心，这样的生活状态/肯定不是/理想的状态。

Yīnwèi rúguǒ shōurù bù wěndìng dehuà, wǒmen měi tiān dōu yào wèi chīfàn de wèntí ér dānxīn, zhèyàng de shēnghuó zhuàngtài kěndìng bú shì lǐxiǎng de zhuàngtài.

其次，我认为/理想的生活状态/应该有/健康的身体。没有/健康的身体的话，理想的生活状态/也就无从谈起了。

Qícì, wǒ rènwéi lǐxiǎng de shēnghuó zhuàngtài yīnggāi yǒu jiànkāng de shēntǐ. Méiyǒu jiànkāng de shēntǐ dehuà, lǐxiǎng de shēnghuó zhuàngtài yě jiù wúcóng tánqǐ le.

最后，我认为/理想的生活状态/应该有爱心。

Zuìhòu, wǒ rènwéi lǐxiǎng de shēnghuó zhuàngtài yīnggāi yǒu àixīn.

我们/不仅要让自己的生活/进入理想的状态，还应该/让世界/充满爱，学会分享。

Wǒmen bùjǐn yào ràng zìjǐ de shēnghuó jìnrù lǐxiǎng de zhuàngtài, hái yīnggāi ràng shìjiè chōngmǎn ài, xuéhuì fēnxiǎng.

我认为/如果具备/以上这三点的话，就是/最理想的生活状态。

Wǒ rènwéi rúguǒ jùbèi yǐshàng zhè sān diǎn dehuà, jiùshì zuì lǐxiǎng de shēnghuó zhuàngtài.

해석 사람마다 인생관과 가치관이 다르기 때문에, 이상적인 생활도 사람마다 다를 수밖에 없습니다. 저는 개인적으로, 이상적인 생활은 먼저 안정적인 수입이 있어야 한다고 생각합니다. 왜냐하면 수입이 안정적이지 않으면, 우리는 매일 밥 먹는 문제로 걱정을 해야 하는데, 이러한 생활은 분명 이상적인 상태가 아니기 때문입니다. 다음으로, 이상적인 생활은 건강한 신체가 있어야 한다고 생각합니다. 건강한 신체가 없다면 이상적인 생활은 말할 수도 없기 때문입니다. 마지막으로, 이상적인 생활은 사랑하는 마음이 있어야 한다고 생각합니다. 우리는 자신의 삶을 이상적으로 만들어야 할 뿐만 아니라, 세상을 사랑으로 가득 채우고, 서로 나누는 법을 배워야 합니다. 저는 이 세 가지를 갖춘다면 가장 이상적인 생활이라고 생각합니다.

11 이슈에 대한 견해

본문 p.118

5. 有人选择贷款买房，有人选择存款买房，你会选择哪种方式？为什么？（2.5分钟）

어떤 사람은 대출을 받아서 집을 사고, 어떤 사람은 저축을 해서 사는데, 당신은 어떤 방식을 선택할 것인가요?

핵심 키워드로 브레인스토밍하기

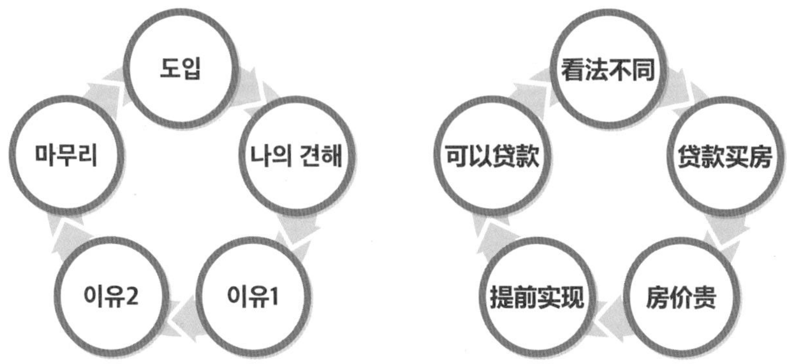

답변 템플릿

도입	대출해서 집을 사는 것이 좋은지 아니면 저축해서 집을 사는 것이 좋은지에 대해서는 각자 자신의 주장을 굽히지 않는 문제입니다. 만약 제가 선택한다면, 저는 ooo을 선택할 것입니다. 이유는 다음과 같습니다.
전개	먼저, 모두들 알고 있듯이 ○○○ 때문에 ○○○할 것입니다. 다음으로, ○○○를 선택하면 ○○○할 수 있는데, 이렇게 좋은 일을 왜 하지 않겠나요? 이외에도 ○○○한 관점에서 ○○○ 해야 합니다.
마무리	결론적으로, 저는 ○○○이 가능하다면 ○○○하는 것이 더 현명한 선택이라고 생각합니다.

모범 답변

贷款买房好/还是/存款买房好？对于这个问题/可谓是/公说/公有理，婆说/婆有理。

Dàikuǎn mǎi fáng hǎo háishi cúnkuǎn mǎi fáng hǎo? Duìyú zhège wèntí kěwèi shì gōng shuō gōng yǒulǐ, pó shuō pó yǒulǐ.

如果/让我选择的话，我会选择/贷款买房。我的理由/如下：

Rúguǒ ràng wǒ xuǎnzé dehuà, wǒ huì xuǎnzé dàikuǎn mǎi fáng. Wǒ de lǐyóu rúxià:

首先，众所周知，现在的房价/非常贵，如果/等攒够了钱/再买房的话，我估计/大部分人/一辈子也买不起/房子。

Shǒuxiān, zhòngsuǒzhōuzhī, xiànzài de fángjià fēicháng guì, rúguǒ děng zǎngòu le qián zài mǎi fáng dehuà, wǒ gūjì dàbùfen rén yíbèizi yě mǎi bu qǐ fángzi.

其次，贷款可以/让我们提前实现/拥有自己的房子/的梦想，何乐/而不为呢？

Qícì, dàikuǎn kěyǐ ràng wǒmen tíqián shíxiàn yōngyǒu zìjǐ de fángzi de mèngxiǎng, hé lè ér bù wéi ne?

另外，钱和房子/相比，钱是/会贬值的，而房子相对来说/却是保值的。所以/从理财的角度来看，我们也应该/早买房。

Lìngwài, qián hé fángzi xiāngbǐ, qián shì huì biǎnzhí de, ér fángzi xiāngduì lái shuō què shì bǎozhí de. Suǒyǐ cóng lǐcái de jiǎodù lái kàn, wǒmen yě yīnggāi zǎo mǎi fáng.

综上所述，我认为/如果可以贷款的话，贷款买房/是更明智的选择。

Zōng shàng suǒ shù, wǒ rènwéi rúguǒ kěyǐ dàikuǎn dehuà, dàikuǎn mǎi fáng shì gèng míngzhì de xuǎnzé.

해석 대출해서 집을 사는 것이 좋은지 아니면 저축해서 집을 사는 것이 좋은지에 대해서는 각자 자신의 주장을 굽히지 않는 문제입니다. 만약 제가 선택한다면, 저는 대출을 받아 집을 살 것입니다. 이유는 다음과 같습니다. 먼저, 모두들 알고 있듯이 지금 집값이 너무 비싸서, 돈을 충분히 모은 다음에 산다면 제 생각에는 아마 대부분 사람들은 평생 살 수 없을 것입니다. 다음으로, 대출로 우리는 내 집 마련의 꿈을 앞당길 수 있는데, 이렇게 좋은 일을 왜 하지 않겠나요? 이 외에도 현금과 집을 비교했을 때, 현금은 가치가 떨어질 수 있지만, 집은 상대적으로 가치를 유지하거나 더 오를 수 있습니다. 그래서 재테크의 관점에서도 우리는 일찍 집을 사야 합니다. 결론적으로, 저는 대출이 가능하다면 대출을 받아서 집을 사는 것이 더 현명한 선택이라고 생각합니다.

12 명언, 속담에 대한 견해

본문 p.125

5. 中国人认为“谦虚是一种美德”，你是否这样认为？为什么？(2.5分钟)

중국인은 '겸손은 일종의 미덕이다'라고 여기는데, 당신은 그렇게 생각하나요? 왜 그렇게 생각하나요?

핵심 키워드로 브레인스토밍하기

답변 템플릿

도입	중국인은 '겸손은 일종의 미덕이다'라고 여깁니다. 우리는 겸손이 바람직한 성품임을 인정하지 않을 수 없습니다.
전개	겸손한 사람은 늘 자신의 부족한 점을 알아차리고, 끊임없이 스스로를 더 훌륭하게 변화시키도록 노력합니다. 하지만 아무리 좋은 것이라도 지나치면 안 되는데, 겸손도 그렇습니다. 과도한 겸손은 위선적으로 보일 수 있습니다. 예를 들어, ○○○가 있습니다.
마무리	어쨌든, 저는 겸손은 진정성이 있어야 한다고 생각합니다. 정도를 잘 지켜야 진정한 미덕이라 할 수 있습니다.

모범 답변

中国人认为/“谦虚/是一种美德”。我们不得不承认，谦虚是/一种良好的/品格，

Zhōngguórén rènwéi “qiānxū shì yì zhǒng měidé”. Wǒmen bùdébù chéngrèn, qiānxū shì yì zhǒng liánghǎo de pǐngé,

谦虚的人/总是能看到/自己的不足之处，并通过努力/不断地让自己/变得更优秀。

qiānxū de rén zǒngshì néng kàndào zìjǐ de bùzú zhī chù, bìng tōngguò nǔlì búduàn de ràng zìjǐ biàn de gèng yōuxiù.

但是/再好的东西/也不能过度，谦虚/也是如此，过度谦虚/就会显得/虚伪。

Dànshì zài hǎo de dōngxi yě bù néng guòdù, qiānxū yě shì rúcǐ, guòdù qiānxū jiù huì xiǎnde xūwěi.

比如说，学霸总是说/自己学习一般。在他看来，可能/自己说的是/真心话，

Bǐrú shuō, xuébà zǒngshì shuō zìjǐ xuéxí yìbān. Zài tā kànlai, kěnéng zìjǐ shuō de shì zhēnxīnhuà,

但学习一般的学生/听到这样的话/可能会觉得/学霸在讽刺自己，会觉得/学霸很虚伪。

dàn xuéxí yìbān de xuésheng tīngdào zhèyàng de huà kěnéng huì juéde xuébà zài fěngcì zìjǐ, huì juéde xuébà hěn xūwěi.

总之，我认为/谦虚一定要/真诚，要掌握好/尺度，才是/真正的美德。

Zǒngzhī, wǒ rènwéi qiānxū yídìng yào zhēnchéng, yào zhǎngwòhǎo chǐdù, cái shì zhēnzhèng de měidé.

해석 중국인은 '겸손은 일종의 미덕이다'라고 여깁니다. 우리는 겸손이 바람직한 성품임을 인정하지 않을 수 없습니다. 겸손한 사람은 늘 자신의 부족한 점을 알아차리고, 끊임없이 스스로를 더 훌륭하게 변화시키도록 노력합니다. 하지만 아무리 좋은 것이라도 지나치면 안 되는데, 겸손도 그렇습니다. 과도한 겸손은 위선적으로 보일 수 있습니다. 예를 들어, 공부를 잘하는 친구가 늘 자기는 보통이라고 하면, 그 아이의 입장에서는 진심이 담긴 말일 수 있지만, 보통 학생은 이런 말을 듣고 자신을 비꼬는 듯한 느낌을 받을 수 있으며 공부 잘하는 학생이 위선적이라는 생각이 들 수 있습니다. 어쨌든, 저는 겸손은 진정성이 있어야 한다고 생각합니다. 정도를 잘 지켜야 진정한 미덕이라 할 수 있습니다.

13 사회 이슈

본문 p.132

5. 最近“丁克族”越来越多，谈谈你对“丁克族”的看法。(2.5 分钟)

최근 '딩크족'이 점점 늘고 있는데, '딩크족'에 대한 당신의 생각을 말해 보세요.

핵심 키워드로 브레인스토밍하기

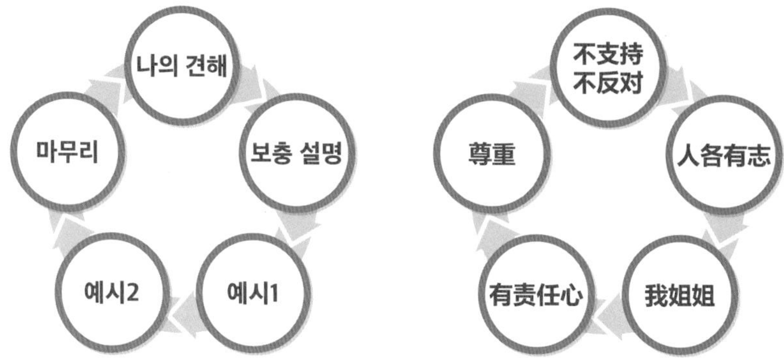

답변 템플릿

도입	저는 딩크족을 지지하지는 않지만, 딩크족을 반대하지도 않습니다. 이른바 '사람마다 뜻이 있다'는 것은, 누구도 자신의 생각을 다른 사람에게 강요해서는 안 된다는 것입니다.
전개	딩크족이 아이를 낳지 않는 것은 그들의 자유입니다. 예를 들어, ○○○가 있습니다. (구체적인 예시 제시)
마무리	요컨대, 저는 딩크족은 개인의 선택이며, 우리는 그들의 옳고 그름을 평가할 것이 아니라, 그들의 선택을 존중해야 한다고 생각합니다.

모범 답변

我不支持/丁克族，但是/我也不反对/丁克族。正所谓/“人各有志”，我们谁都不能/把自己的想法/强加到别人身上。

Wǒ bù zhīchí dīngkèzú, dànshì wǒ yě bù fǎnduì dīngkèzú. Zhèng suǒwèi “réngè yǒuzhì”, wǒmen shuí dōu bù néng bǎ zìjǐ de xiǎngfǎ qiángjiādào biérén shēnshang.

丁克族/不生孩子，这是/他们的自由。我来/举个例子。

Dīngkèzú bù shēng háizi, zhè shì tāmen de zìyóu. Wǒ lái jǔ ge lìzi.

我姐姐/年薪很高，她即使/生三个孩子/也能养得起，但是/她不喜欢/孩子，所以她决定/不生孩子。

Wǒ jiějie niánxīn hěn gāo, tā jíshǐ shēng sān ge háizi yě néng yǎng de qǐ, dànshì tā bù xǐhuan háizi, suǒyǐ tā juédìng bù shēng háizi.

我们能说/她自私吗？我反而觉得/她是一个/很有责任心的人。

Wǒmen néng shuō tā zìsī ma? Wǒ fǎn'ér juéde tā shì yí ge hěn yǒu zérènxīn de rén.

她知道/自己不会/爱孩子，所以选择/不生孩子，我觉得这是/很明智的选择。

Tā zhīdào zìjǐ bú huì ài háizi, suǒyǐ xuǎnzé bù shēng háizi, wǒ juéde zhè shì hěn míngzhì de xuǎnzé.

综上所述，我认为/丁克族是/一种个人的选择，我们不应该评价/他们的对与错，而应该尊重/他们的选择。

Zōng shàng suǒ shù, wǒ rènwéi dīngkèzú shì yì zhǒng gèrén de xuǎnzé, wǒmen bù yīnggāi píngjià tāmen de duì yǔ cuò, ér yīnggāi zūnzhòng tāmen de xuǎnzé.

해석 저는 딩크족을 지지하지는 않지만, 딩크족을 반대하지도 않습니다. 이른바 '사람마다 뜻이 있다'는 것은, 누구도 자신의 생각을 다른 사람에게 강요해서는 안 된다는 것입니다. 딩크족이 아이를 낳지 않는 것은, 그들의 자유입니다. 예를 들면, 저희 언니는 연봉이 높아 세 아이를 낳아도 키울 능력이 되지만, 그녀는 아이를 좋아하지 않아 낳지 않기로 결정했습니다. 우리는 그녀가 이기적이라고 말할 수 있을까요? 저는 오히려 그녀가 책임감 있는 사람이라고 생각합니다. 그녀가 자신이 아이를 사랑할 줄 모른다는 것을 알고, 아이를 낳지 않기로 선택한 것은 현명한 선택이라고 생각합니다. 요컨대, 저는 딩크족은 개인의 선택이며, 우리는 그들의 옳고 그름을 평가할 것이 아니라, 그들의 선택을 존중해야 한다고 생각합니다.

14 일상 생활

본문 p.139

5. 你觉得第一印象重要吗？为什么？（2.5分钟）

당신은 첫인상이 중요하다고 생각하나요? 왜 그렇게 생각하나요?

핵심 키워드로 브레인스토밍하기

답변 템플릿

도입	저는 ○○○이 중요하다고 생각합니다. 사실이 웅변보다 설득력이 있기에, 저는 몇 가지 예를 들어 이 점을 증명하고 싶습니다.
전개	예를 들어, ○○○이 있습니다. 그렇기 때문에 ○○○이 매우 중요합니다. 또 예를 들면, 최근에 ○○○을 중시하는데, 이는 ○○○하기 위해서입니다.
마무리	이로써 ○○○은 중요하다는 것을 알 수 있습니다.

모범 답변

我觉得/第一印象/很重要。事实胜于/雄辩，我想举几个例子/来证明这一点。
Wǒ juéde dì yī yìnxiàng hěn zhòngyào. Shìshí shèngyú xióngbiàn, wǒ xiǎng jǔ jǐ ge lìzi lái zhèngmíng zhè yì diǎn.

比如说，我们去面试/的时候，其实/想在那么短的时间内/表现自己/是很难的，
Bǐrú shuō, wǒmen qù miànshì de shíhou, qíshí xiǎng zài nàme duǎn de shíjiān nèi biǎoxiàn zìjǐ shì hěn nán de,

面试官/在很大程度上/是靠对我们的第一印象/来决定/用不用我们的，所以/第一印象/非常重要。
miànshìguān zài hěn dà chéngdù shàng shì kào duì wǒmen de dì yī yìnxiàng lái juédìng yòng bu yòng wǒmen de, suǒyǐ dì yī yìnxiàng fēicháng zhòngyào.

再比如说，有人给我们/介绍朋友的时候，我们都会注意/自己的形象，
Zài bǐrú shuō, yǒu rén gěi wǒmen jièshào péngyou de shíhou, wǒmen dōu huì zhùyì zìjǐ de xíngxiàng,

想给对方/留下一个好的第一印象，这也说明/第一印象/非常重要。
xiǎng gěi duìfāng liúxià yí ge hǎo de dì yī yìnxiàng, zhè yě shuōmíng dì yī yìnxiàng fēicháng zhòngyào.

再比如说，最近很多国家/都很重视/机场的建设，这就是/为了给外国人/留下良好、深刻的第一印象。
Zài bǐrú shuō, zuìjìn hěn duō guójiā dōu hěn zhòngshì jīchǎng de jiànshè, zhè jiùshì wèile gěi wàiguórén liúxià liánghǎo、shēnkè de dì yī yìnxiàng.

由此可见，第一印象/非常重要。我们应该/时刻提醒自己，给别人/留下一个良好的/第一印象。
Yóu cǐ kě jiàn, dì yī yìnxiàng fēicháng zhòngyào. Wǒmen yīnggāi shíkè tíxǐng zìjǐ, gěi biérén liúxià yí ge liánghǎo de dì yī yìnxiàng.

해석 저는 첫인상이 중요하다고 생각합니다. 사실이 웅변보다 설득력이 있기에, 저는 몇 가지 예를 들어 이 점을 증명하고 싶습니다. 예를 들어, 우리가 면접을 보러 갔을 때, 사실 그렇게 짧은 시간 안에 자신을 드러내기 힘듭니다. 면접관은 어느 정도 우리의 첫인상에 기대어 채용할지 말지 결정하기 때문에, 첫인상은 매우 중요합니다. 또 예를 들면, 누군가 우리에게 친구를 소개해 줄 때, 우리는 모두 자신의 이미지에 신경 쓰고, 상대방에게 좋은 첫인상을 남기고 싶어 하는데, 이 역시 첫인상이 그만큼 중요하다는 것을 말해 줍니다. 또 다른 예를 들면, 최근 많은 나라가 공항 건설을 중시하는데, 이는 외국인에게 좋은 첫인상을 심어주기 위해서입니다. 이로써 첫인상은 중요하다는 것을 알 수 있습니다. 우리는 항상 다른 사람에게 좋은 첫인상을 남겨야 한다는 것을 스스로 상기시켜야 합니다.

15 운동, 건강

본문 p.146

5. 遇到压力时，你是如何缓解的？(2.5分钟)

스트레스를 받을 때, 당신은 어떻게 해소하나요?

핵심 키워드로 브레인스토밍하기

답변 템플릿

도입	현대인들은 스트레스를 받기 마련인데, 스트레스를 받을 때 저는 다음과 같은 방법으로 해소합니다.
전개	먼저, 저는 ○○○을 합니다. 저는 대부분 ○○○ 때문에 스트레스를 받는다고 생각합니다. 그래서 먼저 ○○○을 하면 스트레스를 덜 수 있습니다. 둘째, 저는 스트레스를 받을 때, ○○○을 하려고 노력합니다.
마무리	아무리 스트레스를 받아도 웃으면서 대할 수 있는 법을 배워야 합니다. 스스로에게 해결할 수 없는 문제는 없다고 말하면, 모든 어려움은 지나갈 수 있습니다.

모범 답변

现代人难免/会有压力，遇到压力时，我会用/以下几个方法/来缓解。
Xiàndàirén nánmiǎn huì yǒu yālì, yùdào yālì shí, wǒ huì yòng yǐxià jǐ ge fāngfǎ lái huǎnjiě.

首先，调整/我的目标。我觉得/很多时候/压力大是因为/目标太高了。
Shǒuxiān, tiáozhěng wǒ de mùbiāo. Wǒ juéde hěn duō shíhou yālì dà shì yīnwèi mùbiāo tài gāo le.

先定一个 / 容易实现的小目标，然后再定 / 一个目标，这样一步一步地 / 去实现，压力就会小 / 很多。
Xiān dìng yí ge róngyì shíxiàn de xiǎo mùbiāo, ránhòu zài dìng yí ge mùbiāo, zhèyàng yí bù yí bù de qù shíxiàn, yālì jiù huì xiǎo hěn duō.

其次，转移/注意力。当我感到/压力大的时候，我会努力/转移自己的注意力，不让自己/去想这件事，慢慢地/压力就能得到/缓解。
Qícì, zhuǎnyí zhùyìlì. Dāng wǒ gǎndào yālì dà de shíhou, wǒ huì nǔlì zhuǎnyí zìjǐ de zhùyìlì, bú ràng zìjǐ qù xiǎng zhè jiàn shì, mànmàn de yālì jiù néng dédào huǎnjiě.

这时候，去/见见朋友，做做运动，或者/看一场电影/都是不错的选择。
Zhè shíhou, qù jiànjian péngyou, zuòzuo yùndòng, huòzhě kàn yì chǎng diànyǐng dōu shì búcuò de xuǎnzé.

最后，控制/自己的情绪。压力再大/也要学会/笑着面对，告诉自己/没有解决不了的问题，一切困难/都能过去。
Zuìhòu, kòngzhì zìjǐ de qíngxù. Yālì zài dà yě yào xuéhuì xiàozhe miànduì, gàosu zìjǐ méiyǒu jiějué bù liǎo de wèntí, yíqiè kùnnan dōu néng guòqu.

以上，我简单地说了说/我缓解压力的办法。
Yǐshàng, wǒ jiǎndān de shuō le shuō wǒ huǎnjiě yālì de bànfǎ.

해석 현대인들은 스트레스를 받기 마련인데, 스트레스를 받을 때 저는 다음과 같은 방법으로 해소합니다. 먼저, 제 목표를 조정합니다. 저는 대부분 목표가 너무 높기 때문에 스트레스를 받는다고 생각합니다. 먼저 쉽게 이룰 수 있는 작은 목표를 정하고, 그 다음 다시 또 목표 하나를 정합니다. 이렇게 하나씩 실현시키면 스트레스를 많이 줄일 수 있습니다. 둘째, 주의력을 돌립니다. 제가 스트레스를 많이 받을 때, 저는 주의력을 다른 곳으로 돌려, 그것을 생각하지 않도록 노력합니다. 그렇게 하면 스트레스는 천천히 완화됩니다. 이때 친구를 만나거나, 운동하거나, 아니면 영화 한 편을 보는 것은 모두 좋은 선택입니다. 마지막으로 자신의 감정을 조절합니다. 아무리 스트레스를 받아도 웃으면서 대할 수 있는 법을 배워야 합니다. 스스로에게 해결할 수 없는 문제는 없다고 말하면, 모든 어려움은 지나갈 수 있습니다.

16 학교, 직장

본문 p.153

5. 要成为一名合格的领导，需要具备哪些基本素质？为什么？(2.5分钟)

훌륭한 지도자가 되려면 어떤 기본 자질을 갖추어야 하나요? 왜 그렇게 생각하나요?

핵심 키워드로 브레인스토밍하기

답변 템플릿

도입	저는 훌륭한 리더가 되기 위해 적어도 다음과 같은 기본 자질을 갖추어야 한다고 생각합니다.
전개	첫째, 리더십과 조율하는 능력입니다. 리더는 ○○○해야 하기 때문에, 이러한 능력이 가장 중요합니다. 둘째, 리더는 ○○○ 능력이 있어야 합니다. 셋째, 리더는 ○○○한 생각을 가져야 합니다.
마무리	마지막으로, 리더는 직접 하는 것이 아니라 권한을 위임하는 법을 배워야 합니다. 그래야 명실상부한 리더라고 생각합니다.

모범 답변

我认为/要成为/一名合格的领导，至少需要具备/以下几个/基本素质：

Wǒ rènwéi yào chéngwéi yì míng hégé de lǐngdǎo, zhìshǎo xūyào jùbèi yǐxià jǐ ge jīběn sùzhì:

第一，要有组织能力/和协调能力。领导要带领团队/一起努力/实现工作目标，所以这些能力/最重要。

Dì yī, yào yǒu zǔzhī nénglì hé xiétiáo nénglì. Lǐngdǎo yào dàilǐng tuánduì yìqǐ nǔlì shíxiàn gōngzuò mùbiāo, suǒyǐ zhèxiē nénglì zuì zhòngyào.

第二，领导要有/决策能力。关键时刻/领导一定要做出/英明果断的决策，带领团队/向好的方向/发展。

Dì èr, lǐngdǎo yào yǒu juécè nénglì. Guānjiàn shíkè lǐngdǎo yídìng yào zuòchū yīngmíng guǒduàn de juécè, dàilǐng tuánduì xiàng hǎo de fāngxiàng fāzhǎn.

第三，领导要有/与时俱进的思想，多倾听/员工的心声，不能/自以为是。

Dì sān, lǐngdǎo yào yǒu yǔshí jùjìn de sīxiǎng, duō qīngtīng yuángōng de xīnshēng, bù néng zìyǐwéishì.

最后，领导应该学会/放权，而不应该/事必躬亲。我认为/这才是/名副其实的领导。

Zuìhòu, lǐngdǎo yīnggāi xuéhuì fàngquán, ér bù yīnggāi shìbìgōngqīn. Wǒ rènwéi zhè cái shì míngfùqíshí de lǐngdǎo.

해석 저는 훌륭한 리더가 되기 위해 적어도 다음과 같은 기본 자질을 갖추어야 한다고 생각합니다. 첫째, 리더십과 조율하는 능력입니다. 리더는 팀을 인솔하여 함께 목표를 실현해야 하기 때문에, 이러한 능력이 가장 중요합니다. 둘째, 리더는 의사결정 능력이 있어야 합니다. 중요한 순간에 리더는 현명하고 과감한 결정을 내려 팀을 좋은 방향으로 이끌어야 합니다. 셋째, 리더는 시대에 발 맞추는 생각을 가져야 합니다. 직원의 목소리에 많이 기울이고 독선적이어서는 안 됩니다. 마지막으로, 리더는 직접 하는 것이 아니라 권한을 위임하는 법을 배워야 합니다. 그래야 명실상부한 리더라고 생각합니다.

실전 모의고사 1

제1부분

본문 p.157

第一部分：第1到3题，听后复述。

1

듣기 대본

有个盲人晚上走路的时候，手里总是拎着一个灯笼，别人看见了就莫名其妙地问他："反正你也看不见，为什么还要提着灯笼走路？"盲人回答说："我提灯笼可以为别人照路，也可以把我自己照亮。这样一来，别人就不会撞到我了。"是的，很多时候我们看似只是在帮助别人，其实正是在帮助自己。

해석 어떤 시각 장애인이 밤에 길을 걸을 때, 손에 늘 초롱불을 들고 다니는데, 다른 사람 봤을 때 이상해서 그에게 물었다. "어차피 당신은 보이지도 않는데, 왜 초롱불을 들고 걷나요?" 맹인이 대답하기를 "제가 초롱불을 들고 다니는 것은 다른 사람을 위해 길을 비춰줄 수도 있고, 제 자신을 밝혀 줄 수도 있기 때문이에요. 이렇게 하면 다른 사람들이 저를 부딪히지 않을 거예요." 그렇다. 많은 경우 우리는 다른 사람을 돕는 것처럼 보이지만, 사실 우리 자신을 돕는 것이다.

핵심 정리

01 인물: 盲人

02 시간: 晚上

03 사건: 拿着灯笼走路

04 결과: 帮助别人其实也是帮助自己

모범 답변

有一个盲人/晚上总是/拿着灯笼/走路。有人问他/为什么/要拿灯笼。

Yǒu yí ge mángrén wǎnshang zǒngshì názhe dēnglóng zǒulù. Yǒu rén wèn tā wèi shénme yào ná dēnglóng.

盲人说，灯光/既可以/让别人/看见路，也可以/让别人/看见自己，这样/可以避免人/撞到他。
Mángrén shuō, dēngguāng jì kěyǐ ràng biérén kànjiàn lù, yě kěyǐ ràng biérén kànjiàn zìjǐ, zhèyàng kěyǐ bìmiǎn rén zhuàngdào tā.

很多时候/我们帮助/别人，其实/也是帮助/自己。
Hěn duō shíhou wǒmen bāngzhù biérén, qíshí yě shì bāngzhù zìjǐ.

해석 한 맹인이 밤에 길을 걸을 때 늘 초롱불을 들고 다녔다. 어떤 사람이 그에게 왜 초롱불을 들고 다니는지 물었다. 맹인은 초롱불은 다른 사람을 위해 길을 비춰줄 수도 있고, 다른 사람들에게 자신을 볼 수 있게도 해주기 때문에, 이렇게 하면 사람을 피할 수 있어서 그를 부딪히지 않을 거라고 말했다. 많은 경우, 우리가 다른 사람을 돕는 것이 사실 우리 자신을 돕는 것이기도 하다.

2

듣기 대본

心理学研究表明，孤独感是人类天生的需要之一，它可以让我们更好地认识自己，更好地理解自己的内心需求。有时候，我们需要与自己对话，听听内心的声音，寻找自己生命的真正意义。正如著名心理学家福山所说："人的内心是最深奥的，有时候我们需要孤独一段时间，与自己对话，寻找内心的平衡和支持。"

해석 심리학적 연구에 따르면, 외로움은 인간의 타고난 욕구 중 하나이고, 이는 우리 자신을 더 잘 이해하고 자신의 내면의 요구를 더 잘 이해할 수 있게 해준다. 때때로 우리는 자신과 대화하고, 내면의 목소리를 들으면서, 우리 삶의 진정한 의미를 찾아야 한다. 저명한 심리학자 후쿠야마가 말한 것처럼 "사람의 마음이 가장 심오하고, 때때로 우리는 외로운 시간을 보내면서 자기 자신과 대화하여 마음의 균형과 지탱할 힘을 찾아야 할 필요가 있다."

핵심 정리

01 키워드: 孤独感

02 특징: 认识自己，了解自己的需求，寻找生命的意义

03 결론: 可以找到内心的平衡和支持

모범 답변

心理学/研究表明，孤独感/可以让我们/更好地认识自己，
Xīnlǐxué yánjiū biǎomíng, gūdú gǎn kěyǐ ràng wǒmen gèng hǎo de rènshi zìjǐ,

更好地/了解自己的/内心需求，甚至/寻找/自己生命的真正意义。
gèng hǎo de liǎojiě zìjǐ de nèixīn xūqiú, shènzhì xúnzhǎo zìjǐ shēngmìng de zhēnzhèng yìyì.

一个著名的心理学家/说过，在孤独中/与自己对话，可以找到/内心的平衡/和支持。
Yí ge zhùmíng de xīnlǐ xuéjiā shuōguo, zài gūdú zhōng yǔ zìjǐ duìhuà, kěyǐ zhǎodào nèixīn de pínghéng hé zhīchí.

해석 심리학적 연구에 따르면, 외로움은 우리 자신을 더 잘 이해하고 자신의 내면의 요구를 더 잘 이해할 수 있게 해주며, 심지어 자신의 삶의 진정한 의미를 찾을 수 있도록 해준다. 한 저명한 심리학자는 외로운 시간을 보내면서 자기 자신과 대화함으로써, 마음의 균형과 지탱할 힘을 찾을 수 있다고 말한 적이 있다.

3

듣기 대본

研究发现，人们在知道自己犯了错误的时候，第一反应往往是自我保护。所以，如果对犯错的人批评不当，不但达不到我们想要的效果，反而会让他彻底失去改正错误的勇气和信心。因此，帮助他人改正错误的最好方法，就是让他明白自己的优点，然后引导他用自身的优点去改正错误。

해석 연구에 따르면, 사람들이 자신이 실수를 저질렀다는 것을 알았을 때 첫 번째 반응은 종종 스스로를 보호하는 것으로 나타났다. 그래서 잘못을 저지른 사람에 대해 잘못 비판하게 된다면 우리가 원하는 효과를 거두지 못할 뿐만 아니라, 오히려 그가 잘못을 고칠 용기와 자신감을 완전히 잃어버리게 만들 수 있다. 따라서, 다른 사람이 잘못을 고칠 수 있도록 돕는 가장 좋은 방법은 자신의 장점을 스스로 깨닫게 한 다음, 자신의 장점으로 잘못을 고칠 수 있도록 유도하는 것이다.

핵심 정리

01 키워드: 犯错，批评

02 주장: 批评不当达不到效果

03 결론: 明白自己的缺点，引导改正错误更有效

모범 답변

研究发现，对犯错的人/如果/批评不当，
Yánjiū fāxiàn, duì fàncuò de rén rúguǒ pīpíng búdàng,

不但/可能达不到/效果，反而/让他失去/改正错误的勇气/和信心。
Búdàn kěnéng dá bu dào xiàoguǒ, fǎn'ér ràng tā shīqù gǎizhèng cuòwù de yǒngqì hé xìnxīn.

反过来，让他明白/自己的缺点，然后/引导他/用自身的优点/改正错误，反而会/更有效果。
Fǎn guòlai, ràng tā míngbai zìjǐ de quēdiǎn, ránhòu yǐndǎo tā yòng zìshēn de yōudiǎn gǎizhèng cuòwù, fǎn'ér huì gèng yǒu xiàoguǒ.

해석 연구에 따르면 잘못을 저지른 사람에 대해 잘못 비판하게 된다면 우리가 원하는 효과를 거두지 못할 뿐만 아니라, 오히려 그가 잘못을 고칠 용기와 자신감을 완전히 잃어버리게 만들 수 있다. 반대로, 그가 스스로의 단점을 깨닫고, 자신의 장점을 이용하여 잘못을 고칠 수 있도록 유도한다면 오히려 효과가 더 좋을 것이다.

제2부분

본문 p.157

第二部分：第4题，朗读。

모범 답변

在一些/正式场合，我们有时/会遇到/一些/令人尴尬的情形，这时候/如果/
Zài yìxiē zhèngshì chǎnghé, wǒmen yǒushí huì yùdào yìxiē lìng rén gāngà de qíngxíng, zhè shíhou rúguǒ

我们能用几句幽默的话/来自我解嘲，就能让这种紧张、尴尬的气氛/在轻松愉快的笑声中/
wǒmen néng yòng jǐ jù yōumò de huà lái zìwǒ jiěcháo, jiù néng ràng zhè zhǒng jǐnzhāng、gāngà de qìfēn zài qīngsōng yúkuài de xiàoshēng zhōng

得到缓解，从而/使自己/从困境中走出来。
dédào huǎnjiě, cóng'ér shǐ zìjǐ cóng kùnjìng zhōng zǒu chūlai.

一位/著名的钢琴演奏家/去一个大城市表演。演出那天，当他/走上舞台时，才发现/
Yí wèi zhùmíng de gāngqín yǎnzòu jiā qù yí ge dà chéngshì biǎoyǎn. Yǎnchū nà tiān, dāng tā zǒushang wǔtái shí, cái fāxiàn

来的观众还不到/全场的一半儿。见此情景，他非常失望，但是/他很快调整了/情绪，

lái de guānzhòng hái bu dào quánchǎng de yíbànr. Jiàn cǐ qíngjǐng, tā fēicháng shīwàng, dànshì tā hěn kuài tiáozhěng le qíngxù,

恢复了自信。他走到舞台的中央，对观众说：“大都市/果然不一样，

huīfù le zìxìn. Tā zǒudào wǔtái de zhōngyāng, duì guānzhòng shuō: "Dà dūshì guǒrán bù yíyàng,

我看你们/一定都很有钱，因为/你们每个人都买了/两个座位的票。”音乐厅里/顿时响起/一片笑声。

wǒ kàn nǐmen yídìng dōu hěn yǒu qián, yīnwèi nǐmen měi ge rén dōu mǎi le liǎng ge zuòwèi de piào." Yīnyuètīng lǐ dùnshí xiǎngqǐ yí piàn xiàoshēng.

观众/立刻对这位钢琴演奏家/产生了/好感，开始/聚精会神地欣赏

Guānzhòng lìkè duì zhè wèi gāngqín yǎnzòu jiā chǎnshēng le hǎogǎn, kāishǐ jùjīng huìshén de xīnshǎng

/他美妙的钢琴演奏。正是幽默改变了/钢琴演奏家的处境，使他/摆脱了难堪。

tā měimiào de gāngqín yǎnzòu. Zhèng shì yōumò gǎibiàn le gāngqín yǎnzòu jiā de chǔjìng, shǐ tā bǎituō le nánkān.

해석 일부 공식 장소에서 우리는 때때로 어색한 상황에 직면할 수 있는데, 이때 유머러스한 몇 마디로 스스로를 낮출 수 있다면, 이 긴장되고 어색한 분위기가 편안하고 즐거운 웃음 속에서 저절로 풀려 스스로 곤경에서 벗어날 수 있다. 유명한 한 피아니스트가 대도시로 공연을 갔다. 공연 당일, 그가 무대에 올랐을 때 비로소 온 관객이 전체의 절반도 되지 않는다는 것을 알았다. 이 광경을 보고 그는 매우 실망했지만, 빠르게 감정을 추스르고 자신감을 회복했다. 그는 무대 중앙으로 걸어가 관객에게 다음과 같이 말했다. "대도시라 역시 다르네요, 제가 보기에 여러분은 분명 모두 부자이신 것 같아요. 왜냐하면 다들 티켓을 두 장씩 구매했기 때문이죠." 공연장에 갑자기 웃음 소리가 울려 퍼졌다. 관객들은 바로 이 피아니스트에게 호감이 생겼고 그의 아름다운 피아노 연주를 감상하기 시작했다. 바로 유머가 피아니스트가 처한 환경을 바꾸고 그를 난감한 상황에서 벗어나게 한 것이다.

제3부분

본문 p.158

第三部分：第5题，回答问题。（2.5分钟）

5. 请介绍一下你最近有什么愿望。

최근 당신은 어떤 소망이 있는지에 대해 말해 주세요.

모범 답변

最近/我有/三个愿望：第一个愿望/就是/能通过/汉语口语高级考试。
Zuìjìn wǒ yǒu sān ge yuànwàng: dì yī ge yuànwàng jiùshì néng tōngguò Hànyǔ kǒuyǔ gāojí kǎoshì.

然后/通过这个考试/以后，我要坚持/学习汉语。
ránhòu tōngguò zhège kǎoshì yǐhòu, wǒ yào jiānchí xuéxí Hànyǔ.

因为/俗话说：“活到老/学到老”，即使/这次口语考试/取得了好成绩，我也会/继续学下去。
Yīnwèi súhuà shuō: “huódào lǎo xuédào lǎo”, jíshǐ zhè cì kǒuyǔ kǎoshì qǔdé le hǎo chéngjì, wǒ yě huì jìxù xué xiàqu.

我要让我的汉语/真正达到/高级水平。
Wǒ yào ràng wǒ de Hànyǔ zhēnzhèng dádào gāojí shuǐpíng.

第二，我希望/每年都去/中国旅游一次。
Dì èr, wǒ xīwàng měi nián dōu qù Zhōngguó lǚyóu yí cì.

因为/这样既可以/让我了解中国文化，还可以/让我用中文/跟中国人/沟通，可谓/一举两得。
Yīnwèi zhèyàng jì kěyǐ ràng wǒ liǎojiě Zhōngguó wénhuà, hái kěyǐ ràng wǒ yòng Zhōngwén gēn Zhōngguórén gōutōng, kěwèi yìjǔ liǎngdé.

第三，我要/努力攒钱，然后/陪我的父母/一起去欧洲旅游。
Dì sān, wǒ yào nǔlì zǎn qián, ránhòu péi wǒ de fùmǔ yìqǐ qù Ōuzhōu lǚyóu.

我的父母/为我付出了/很多，以后/我想好好孝敬他们。
Wǒ de fùmǔ wèi wǒ fùchū le hěn duō, yǐhòu wǒ xiǎng hǎohǎo xiàojìng tāmen.

所以/我要攒钱，用我的钱/带他们去国外/走一走，我相信他们/一定会非常开心的。
Suǒyǐ wǒ yào zǎn qián, yòng wǒ de qián dài tāmen qù guówài zǒu yi zǒu, wǒ xiāngxìn tāmen yídìng huì fēicháng kāixīn de.

以上/就是我的三个愿望。
Yǐshàng jiùshì wǒ de sān ge yuànwàng.

해석 최근에 저는 세 가지 소망이 있습니다. 첫 번째 소망은 바로 중국어 말하기 고급 시험을 통과하는 것입니다. 그리고 이 시험을 합격하고 나서도 저는 중국어를 꾸준히 공부할 것입니다. '늙을 때까지 배운다'는 말이 있듯이 설령 이번 말하기 시험에서 좋은 성적을 거두더라도, 저는 계속 배워, 저의 중국어 실력이 진정한 고급 수준에 이르도록 할 것입니다. 두 번째 소망은 저는 매년 중국 여행을 한 번 갈 것입니다. 그러면 저는 중국 문화를 이해할 수도 있고, 중국어로 중국인과 소통도 할 수 있어, 일석이조라고 할 수 있기 때문입니다. 세 번째로 저는 열심히 돈을 모아서 부모님을 모시고 유럽 여행을 갈 것입니다. 부모님께서 저를 위해 많이 베풀어 주셨으니 앞으로 제대로 효도하고 싶습니다. 그래서 돈을 모아서 제 돈으로 부모님을 모시고 외국에 나가서 구경을 시켜드리고 싶습니다. 저는 부모님께서 매우 기뻐할 것이라고 믿습니다. 이상 세 가지가 바로 제 소망입니다.

第三部分：第6题，回答问题。（2.5分钟）

6. 你觉得什么样的人生才是有意义的？
당신은 어떤 인생이 의미 있다고 생각하나요?

모범 답변

每个人的人生观/和价值观/都不同，因此/对这个问题的看法/也肯定是/因人而异的。
Měi ge rén de rénshēng guān hé jiàzhí guān dōu bùtóng, yīncǐ duì zhège wèntí de kànfǎ yě kěndìng shì yīnrén'éryì de.

就我个人而言，我认为/有意义的人生/首先/应该有/稳定的收入。
Jiù wǒ gèrén ér yán, wǒ rènwéi yǒu yìyì de rénshēng shǒuxiān yīnggāi yǒu wěndìng de shōurù.

因为/如果收入不稳定/的话，我们每天都要/为吃饭的问题/而担心，这样的生活/是没有意义的。
Yīnwèi rúguǒ shōurù bù wěndìng dehuà, wǒmen měi tiān dōu yào wèi chīfàn de wèntí ér dānxīn, zhèyàng de shēnghuó shì méiyǒu yìyì de.

其次，我认为/有意义的人生/应该有/健康的身体。家人健康，家庭和睦，这也是/不可或缺的/一个条件。

Qícì, wǒ rènwéi yǒu yìyì de rénshēng yīnggāi yǒu jiànkāng de shēntǐ. jiārén jiànkāng, jiātíng hémù, zhè yě shì bùkě huòquē de yí ge tiáojiàn.

有很多钱，但是/没有健康的身体，或者/家人关系不好的话，人生的意义/也就无从谈起了。

Yǒu hěn duō qián, dànshì méiyǒu jiànkāng de shēntǐ, huòzhě jiārén guānxi bù hǎo dehuà, rénshēng de yìyì yě jiù wúcóng tánqǐ le.

最后，我认为/有意义的人生/应该有爱心。

Zuìhòu, wǒ rènwéi yǒu yìyì de rénshēng yīnggāi yǒu àixīn.

人生不是/一个人过的，我们要/学会分享，这样的人生/才更有意义。

Rénshēng bú shì yí ge rén guò de, wǒmen yào xuéhuì fēnxiǎng, zhèyàng de rénshēng cái gèng yǒu yìyì.

해석 사람마다 인생관과 가치관이 다르기 때문에, 이 문제에 대한 견해도 사람마다 다를 수밖에 없습니다. 저는 개인적으로, 의미가 있는 인생은 먼저 안정적인 수입이 있어야 한다고 생각합니다. 왜냐하면 수입이 안정적이지 않으면, 우리는 매일 밥 먹는 문제로 걱정을 해야 하는데, 이러한 생활은 무의미할 것입니다. 다음으로, 의미가 있는 인생은 건강한 신체가 있어야 한다고 생각합니다. 가족이 건강하고 가정이 화목한 것도 빼놓을 수 없는 조건입니다. 돈은 많은데 신체가 건강하지 않거나 가족 관계가 좋지 않으면 인생의 의미도 말할 수가 없습니다. 마지막으로, 의미가 있는 인생은 사랑하는 마음이 있어야 한다고 생각합니다. 인생은 혼자 사는 것이 아니기 때문에 우리는 나누는 법을 배워야 합니다. 이러한 인생이야말로 더 의미가 있습니다.

실전 모의고사 2

제1부분

본문 p.160

第一部分：第1到3题，听后复述。

1

듣기 대본

这天回家，小王看见房间里的墙上用彩笔写着几道算术题，一看就是上一年级的儿子干的。小王气坏了，他把儿子叫过来气呼呼地说："这墙上的题是怎么回事？你告诉我哪儿错了？"儿子愣愣地看着墙，然后摇了摇头说："爸爸，你是不是数学不好？我检查半天了，这些题我没做错。"

해석 이날 집에 돌아온 샤오왕은 집 안의 벽에 색연필로 수학 문제가 몇 개 적혀 있는 것을 보고, 바로 1학년 아들이 한 것임을 알았다. 샤오왕은 화가 나서 아들을 불러 씩씩거리며 물었다. "이 벽의 문제는 어떻게 된 거야? 네가 뭘 잘못했는지 말해 봐." 아들은 벽을 물끄러미 바라보다가 고개를 가로저으며 말했다. "아빠, 아빠 수학 못하는 거 아니에요? 제가 한참 검사했는데, 이 문제들 안 틀렸어요."

핵심 정리

01 인물: 小王，儿子

02 시간: 这天回家

03 사건: 儿子在墙上用彩笔写了数学题

04 결과: 小王生气，让儿子想哪儿错了

모범 답변

有一天，小王看见儿子/在墙上/用彩笔/写了几道数学题，
Yǒu yìtiān, Xiǎo Wáng kànjiàn érzi zài qiángshang yòng cǎibǐ xiě le jǐ dào shùxuétí,

就非常生气地/问儿子，知不知道/自己错在哪儿了。
jiù fēicháng shēngqì de wèn érzi, zhī bu zhīdào zìjǐ cuò zài nǎr le.

儿子看着墙/想了半天，对他说：“爸爸，我检查了/半天，这些题/我没算错呀。”
Érzi kànzhe qiáng xiǎng le bàntiān, duì tā shuō: “Bàba, wǒ jiǎnchá le bàntiān, zhèxiē tí wǒ méi suàncuò ya.”

해석 어느 날, 샤오왕은 아들이 벽에 색연필로 수학 문제 몇 개를 낙서한 것을 보고, 화가 나서 아들에게 스스로 무엇을 잘못했는지 물었다. 아들은 벽을 바라보며 한참 생각하다가 그에게 말했다. “아빠, 제가 한참 검사했는데, 이 문제들 틀리지 않았어요.”

2

듣기 대본

近年来各种古镇游的开发可谓热火朝天。开发古镇要做到加减法。避免过度商业化是做“减法”，但在讲好古镇文化故事上，就得充分做好“加法”。一方面，要充分发掘古镇的历史、文化资源，打造专属的古镇游特色产品。另一方面，在吸引商家、游客走进来的同时，更要确保当地土生土长的居民能留下来。古镇的魅力更需要当地人和他们最真实的生活场景做支撑。

해석 최근 몇 년 동안 다양한 고대 도시 관광 개발이 매우 활발하다. 고대 도시를 개발할 때는 유연하게 해야 한다(가감법을 활용해야 한다). 과도한 상업화를 피하는 것이 '빼는 방법'이고, 고대 도시의 문화 이야기를 잘 설명하는 부분에서는 '더하는 방법'을 충분히 잘해내야 한다. 한편으로는 고대 도시의 역사와 문화 자원을 충분히 발굴해야 하고, 고대 도시의 독특한 관광 상품을 만들어야 한다. 다른 한편으로는 상인과 관광객을 유치하는 동시에 현지 토착 주민들이 머물 수 있도록 해야 한다. 고대 도시의 매력은 현지인들과 그들의 가장 사실적인 삶의 장면이 뒷받침되어야 한다.

핵심 정리

01 **키워드**: 开发古镇

02 **주장**: 要做到加减法

03 **결론**: 充分发掘古镇的魅力，确保当地居民能留下来

모범 답변

近年来，古镇游/非常流行。在开发古镇时，需要注意/两点。
Jìnnián lái, gǔzhèn yóu fēicháng liúxíng. Zài kāifā gǔzhèn shí, xūyào zhùyì liǎng diǎn.

首先，要充分发掘/古镇的魅力，打造/有特色的产品；其次，要确保/当地居民/能留下来。
Shǒuxiān, yào chōngfèn fājué gǔzhèn de mèilì, dǎzào yǒu tèsè de chǎnpǐn; qícì, yào quèbǎo dāngdì jūmín néng liú xiàlai.

因为古镇的魅力/更需要/真实的生活场景/做支撑。
Yīnwèi gǔzhèn de mèilì gèng xūyào zhēnshí de shēnghuó chǎngjǐng zuò zhīchēng.

해석 최근 몇 년 동안 고대 도시 관광이 매우 유행했다. 고대 도시를 개발할 때는 두 가지 점에 주의해야 한다. 첫째, 우리는 고대 도시의 매력을 충분히 발굴하고 특색 있는 제품을 만들어야 하며, 둘째, 지역 주민들이 머물 수 있도록 해야 한다. 왜냐하면 고대 도시의 매력은 사실적인 삶의 장면이 더욱 뒷받침되어야 하기 때문이다.

3

듣기 대본

免疫力低下会导致人体更加容易被各种病原体侵入，因此容易感染。很多人以为免疫力越高越好。其实免疫力就像血压、血糖，低了不是好事，容易引起细菌和病毒的感染，但太高也是病，对人体有害。免疫反应太强烈，破坏力太大，也容易引起食物过敏，过敏性哮喘等免疫性疾病。因此，免疫力过高或过低都不是好事，好的免疫力应该是一个不高不低的均衡状态。

해석 면역력 저하는 인체에 각종 병원체가 더 쉽게 침입할 수 있기 때문에 감염되기 쉽다. 그래서 많은 사람들은 면역력이 높을수록 좋다고 생각한다. 사실 면역력은 혈압이나 혈당과 같아서 낮으면 좋은 일이 아니고, 세균이나 바이러스 감염을 일으키기 쉽다. 하지만 너무 높아도 병이기도 하고 인체에 해롭다. 면역 반응이 너무 강하고 파괴력이 너무 크며, 식품 알레르기, 알레르기 천식 및 기타 면역 질환을 일으키기 쉽다. 따라서 면역력이 너무 높거나 낮은 것은 좋은 것이 아니며, 좋은 면역력은 높지도 낮지도 않은 균형 상태이어야 한다.

핵심 정리

01 **키워드**: 免疫力

02 **특징**: 免疫力不是越高越好

03 **예시**: 免疫力过高容易引起一些疾病

04 **결론**: 免疫力不高不低才是最好的状态

모범 답변

免疫力下降/可能会使人/容易感染疾病，所以/很多人认为/免疫力/越高越好。
Miǎnyìlì xiàjiàng kěnéng huì shǐ rén róngyì gǎnrǎn jíbìng, suǒyǐ hěn duō rén rènwéi miǎnyìlì yuè gāo yuè hǎo.

但/免疫力高了，还可能/对人体有害，会引起/一些免疫性疾病。
Dàn miǎnyìlì gāo le, hái kěnéng duì réntǐ yǒuhài, huì yǐnqǐ yìxiē miǎnyì xìng jíbìng.

因此，免疫力不高不低/才是最好的状态。
Yīncǐ, miǎnyìlì bù gāo bù dī cái shì zuìhǎo de zhuàngtài.

해석 면역력이 떨어지면 질병에 쉽게 감염될 수 있기 때문에 많은 사람들은 면역력이 높을수록 좋다고 생각한다. 그러나 면역력이 높으면 인체에 해로울 수 있으며 일부 면역 질환을 유발할 수 있다. 그렇기 때문에 면역력이 높지도 않고 낮지도 않은 것이 가장 좋은 상태이다.

제2부분

본문 p.160

第二部分：第4题，朗读。

모범 답변

MP3 18-4

一位农夫/每天都挑着/两只木桶/去河边取水。其中一只木桶/有一道裂痕，
Yí wèi nóngfū měi tiān dōu tiāozhe liǎng zhī mùtǒng qù hébiān qǔshuǐ. Qízhōng yì zhī mùtǒng yǒu yí dào lièhén,

因此/每次到家时，这只桶漏得/只剩下/半桶水了。而另一只桶的水/却总是满的。
yīncǐ měi cì dào jiā shí, zhè zhī tǒng lòu de zhǐ shèngxià bàn tǒng shuǐ le. Ér lìng yì zhī tǒng de shuǐ què zǒngshì mǎn de.

有裂痕的桶/不禁/为自己的缺陷/而自责。
Yǒu lièhén de tǒng bùjīn wèi zìjǐ de quēxiàn ér zìzé.

一天/它鼓起勇气/向主人开口说道：“我总是漏水，我感到很惭愧。”
Yì tiān tā gǔqǐ yǒngqì xiàng zhǔrén kāikǒu shuōdào: “wǒ zǒngshì lòushuǐ, wǒ gǎndào hěn cánkuì.”

农夫说：“你注意到了吗？你那一侧的路边/开满了鲜花。而另一侧/却没有。
Nóngfū shuō: “Nǐ zhùyìdào le ma? Nǐ nà yícè de lùbiān kāimǎn le xiānhuā. Ér lìng yícè què méiyǒu.

那是因为/我在你那一侧/沿路撒下了/花的种子。你漏出的水/就相当于在浇花。
Nà shì yīnwèi wǒ zài nǐ nà yícè yán lù sǎxià le huā de zhǒngzi. Nǐ lòuchū de shuǐ jiù xiāngdāng yú zài jiāohuā.

如果/不是因为你/所谓的缺陷，我怎么能欣赏到/如此美丽的鲜花呢？”
Rúguǒ bú shì yīnwèi nǐ suǒwèi de quēxiàn, wǒ zěnme néng xīnshǎngdào rúcǐ měilì de xiānhuā ne?”

我们每个人/都好比那只有裂痕的桶，有着各自的不足和缺点。
Wǒmen měi ge rén dōu hǎobǐ nà zhī yǒu lièhén de tǒng, yǒuzhe gèzì de bùzú hé quēdiǎn.

如果/我们都能像农夫那样/怀着一颗宽容的心，正确看待/自己的缺陷，
Rúguǒ wǒmen dōu néng xiàng nóngfū nàyàng huáizhe yì kē kuānróng de xīn, zhèngquè kàndài zìjǐ de quēxiàn,

扬长避短，这也是一种幸福。
yángcháng bìduǎn, zhè yě shì yì zhǒng xìngfú.

해석 한 농부는 매일 나무통 두 개를 메고 물을 얻기 위해 강가에 간다. 나무통 중 하나에 금이 가 있어 집에 도착할 때마다 물이 새서 반 통만 남았다. 다른 통의 물은 항상 가득 차 있는데, 금이 간 통은 자신의 결함을 자책하지 않을 수 없었다. 어느 날 그 물통은 용기를 내어 주인에게 말했다. “제가 자꾸 물이 새서 부끄럽고 송구스러워요.” 농부는 “너는 알아차렸니? 네가 다닌 쪽의 길가에 꽃이 가득 피었는데, 반대편에는 없어. 그건 내가 네가 다니는 편의 길을 따라 꽃씨를 뿌렸기 때문이야. 네 물통에서 새는 물은 꽃에 물을 주는 것과 같아. 네가 말하는 결함 때문이 아니라면, 내가 어떻게 이렇게 아름다운 꽃을 감상할 수 있겠니?”라고 말했다. 우리 모두는 금이 간 물통처럼 각자의 부족함과 결점을 가지고 있다. 우리 모두 농부처럼 너그러운 마음을 가지고 자신의 결점을 바르게 보고 장점을 발휘하고 단점을 피한다면 이것도 또한 행복이라 할 수 있다.

제3부분

본문 p.161

第三部分：第5题，回答问题。（2.5分钟）

5. 请你介绍一位视为榜样或者敬佩的人。
당신에게 귀감이 되거나 존경하는 사람을 소개해 주세요.

모범 답변

我周围/有很多/让我敬佩的人，努力工作的人/让我敬佩，孝顺父母的人/让我敬佩，
Wǒ zhōuwéi yǒu hěn duō ràng wǒ jìngpèi de rén, nǔlì gōngzuò de rén ràng wǒ jìngpèi, xiàoshùn fùmǔ de rén ràng wǒ jìngpèi,

坚持锻炼的人/让我敬佩，不乱花钱的人/让我敬佩。
Jiānchí duànliàn de rén ràng wǒ jìngpèi, bú luàn huāqián de rén ràng wǒ jìngpèi.

今天/我想介绍一下/我最敬佩的汉语老师/王老师。
Jīntiān wǒ xiǎng jièshao yíxià wǒ zuì jìngpèi de Hànyǔ lǎoshī Wáng lǎoshī.

王老师/教汉语/教得特别好，她不但/汉语教得好，而且/很幽默，所以/同学们/都喜欢她。
Wáng lǎoshī jiāo Hànyǔ jiāo de tèbié hǎo, tā búdàn Hànyǔ jiāo de hǎo, érqiě hěn yōumò, suǒyǐ tóngxuémen dōu xǐhuan tā.

王老师/很忙，但是/每次我问她/问题的时候，她都耐心地/给我解释。
Wáng lǎoshī hěn máng, dànshì měi cì wǒ wèn tā wèntí de shíhou, tā dōu nàixīn de gěi wǒ jiěshì.

她的学生/很多，但是/每个学生的名字/她都记得，这一点/也很让我感动。
Tā de xuésheng hěn duō, dànshì měi ge xuésheng de míngzi tā dōu jìde, zhè yì diǎn yě hěn ràng wǒ gǎndòng.

除了教汉语，她还总是/给我们正能量，跟她一起/学汉语，我特别开心。
Chúle jiāo Hànyǔ, tā hái zǒngshì gěi wǒmen zhèng néngliàng, gēn tā yìqǐ xué Hànyǔ, wǒ tèbié kāixīn.

我觉得/认识她/是我人生中的/一大幸事。
Wǒ juéde rènshi tā shì wǒ rénshēng zhōng de yídà xìngshì.

해석 제 주위에는 제가 존경하는 사람들이 많습니다. 저는 열심히 일하는 사람들을 존경하고, 부모님께 효도하는 사람들도 존경하며, 꾸준히 운동하는 사람들도 존경하고, 돈을 함부로 쓰지 않는 사람들도 존경합니다. 오늘은 제가 가장 존경하는 중국어 선생님인 왕 선생님을 소개하려고 합니다. 왕 선생님은 중국어를 아주 잘 가르치십니다. 그녀는 중국어를 잘 가르칠 뿐만 아니라 매우 유머러스하여 학생들이 모두 그녀를 좋아합니다. 왕 선생님은 바쁘시지만, 제가 그녀에게 질문을 할 때마다 인내심을 가지고 설명해 주십니다. 그녀의 학생은 많았지만, 그녀는 모든 학생의 이름을 기억하고 있다는 점도 감동적입니다. 중국어를 가르치는 것 외에도, 그녀는 항상 우리에게 긍정적인 에너지를 주고, 그녀와 함께 중국어를 배우게 되어 저는 매우 기쁩니다. 저는 그녀를 알게 된 것이 제 인생의 큰 행운이라고 생각합니다.

第三部分：第6题，回答问题。（2.5分钟）

6. 你同意“谦虚使人进步，骄傲使人落后”这句话吗？为什么？

당신은 ‘겸손은 사람을 발전하게 하고, 교만은 사람을 뒤떨어지게 한다’는 말에 동의하나요? 왜 그렇게 생각하나요?

모범 답변

我们常说/“谦虚/使人进步，骄傲/使人落后”。

Wǒmen cháng shuō “qiānxū shǐ rén jìnbù, jiāo'ào shǐ rén luòhòu”.

一方面，我们/不得不承认，谦虚/是一种良好的品格，谦虚的人/总是能看到/自己的不足之处，

Yì fāngmiàn, wǒmen bùdébù chéngrèn, qiānxū shì yì zhǒng liánghǎo de pǐngé, qiānxū de rén zǒngshì néng kàndào zìjǐ de bùzú zhī chù,

并通过努力/不断地让自己/变得更优秀，所以/谦虚/往往会使人/不断进步。

bìng tōngguò nǔlì búduàn de ràng zìjǐ biàn de gèng yōuxiù, suǒyǐ qiānxū wǎngwǎng huì shǐ rén búduàn jìnbù.

反之，骄傲的人/觉得自己很优秀，很了不起，他们看不见/自己的不足之处，不努力，所以/慢慢地/就会落后。

Fǎnzhī, jiāo'ào de rén juéde zìjǐ hěn yōuxiù, hěn liǎobuqǐ, tāmen kàn bu jiàn zìjǐ de bùzú zhī chù, bù nǔlì, suǒyǐ mànmàn de jiù huì luòhòu.

但是/另一方面，再好的东西/也不能过度，谦虚/也是如此。

Dànshì lìng yì fāngmiàn zài hǎo de dōngxi yě bù néng guòdù, qiānxū yě shì rúcǐ,

过度谦虚/会显得虚伪，给人一种/不真诚的感觉。

Guòdù qiānxū huì xiǎnde xūwěi, gěi rén yì zhǒng bù zhēnchéng de gǎnjué.

总之，我同意/“谦虚/使人进步，骄傲/使人落后”这句话，但是/我们不能忘了/任何事都是/过犹不及的，

Zǒngzhī, wǒ tóngyì "qiānxū shǐ rén jìnbù, jiāo'ào shǐ rén luòhòu" zhè jù huà, dànshì wǒmen bù néng wàng le rènhé shì dōu shì guòyóubùjí de,

我认为/谦虚一定要/真诚，要掌握好/尺度，才是/真正的谦虚。

wǒ rènwéi qiānxū yídìng yào zhēnchéng, yào zhǎngwòhǎo chǐdù, cái shì zhēnzhèng de měidé.

해석 우리는 '겸손은 사람을 발전하게 하고, 교만은 사람을 뒤떨어지게 한다.'라는 말을 자주 합니다. 한편으로, 우리는 겸손이 바람직한 성품임을 인정하지 않을 수 없습니다. 겸손한 사람은 늘 자신의 부족한 점을 알아차리고, 끊임없이 스스로를 더 훌륭하게 변화시키도록 노력하기 때문에 겸손은 사람을 점점 발전하게 합니다. 반대로 교만한 사람은 자신이 훌륭하고 대단하다고 느끼며, 그들은 자신의 부족한 점을 보지 않고 노력하지 않기 때문에 점점 뒤처지게 됩니다. 그러나 다른 한편으로 아무리 좋은 것이라도 지나치면 안 되는데, 겸손도 그렇습니다. 과도한 겸손은 위선적으로 보일 수 있고 진실하지 않은 느낌을 줍니다. 결론적으로 저는 '겸손은 사람을 발전하게 하고, 교만은 사람을 뒤떨어지게 한다.' 이 말에 동의합니다. 하지만 우리는 모든 일이 과유불급이라는 것을 잊어서는 안 됩니다. 겸손은 진정성이 있어야 하고, 정도를 잘 지켜야 진정한 겸손이라 할 수 있습니다.

MEMO

MEMO

MEMO